DR. OETKER

Großmutters Backrezepte

CERES

Vorwort

Wer liebt sie nicht, die herrlichen Blechkuchen und üppigen Torten, die es auf Familienfesten immer zur Kaffeezeit gab. Oma kannte alle Rezepte, auch für wunderbare Kleingebäcke und knusprige Kekse. Damit Sie nicht mehr zu lange auf die nächste Einladung warten müssen, finden Sie hier über 110 Rezepte. Backen Sie sich Ihre Kindheitserinnerungen selbst!

Kuchen
Seite
8-59

Torten
Seite
60-93

Inhaltsübersicht

Kuchen

Raspelkuchen

Für den Belag

150 g	Butter
200 g	Zucker
1 Pck.	Vanillin-Zucker
2 EL	Milch
200 g	Kokosraspel

Für den Quark-Öl-Teig

300 g	Weizenmehl
1 Pck.	Backpulver
150 g	Magerquark
6 EL	Milch
6 EL	Speiseöl
75 g	Zucker
1 Pck.	Vanillin-Zucker
1 Prise	Salz
	Milch

Für den Belag Butter zerlassen. Nach und nach Zucker, Vanillin-Zucker, Milch und Kokosraspel unterrühren, abkühlen lassen.
Für den Teig Mehl mit Backpulver mischen, in eine Rührschüssel sieben. Quark, Milch, Öl, Zucker, Vanillin-Zucker und Salz hinzufügen.
Die Zutaten mit Handrührgerät mit Knethaken auf höchster Stufe in etwa 1 Minute verarbeiten. Auf der Arbeitsfläche zu einer Rolle formen.
Den Teig knapp ½ cm dick auf einem gefetteten Backblech ausrollen, mit Milch bestreichen. Die Kokosmasse gleichmäßig auf dem Teig verteilen, vor den Teig ein mehrfach umgeknicktes Stück Alufolie legen. Das Backblech in den Backofen schieben.

Ober-/Unterhitze	180–200 °C (vorgeheizt)
Heißluft	160–180 °C (nicht vorgeheizt)
Gas	Stufe 3–4 (vorgeheizt)
Backzeit	etwa 20 Minuten.

Apfel-Streusel-Kuchen

Für den Knetteig

150 g	Weizenmehl
1 Msp.	Backpulver
100 g	Zucker
1 Pck.	Vanillin-Zucker
1 Prise	Salz
1	Ei
100 g	Butter oder Margarine

Für die Füllung

etwa 1½ kg	Äpfel
75 g	Zucker
1 Msp.	gemahlener Zimt
75 g	Margarine oder Butter

Für die Streusel

150 g	Weizenmehl
100 g	Zucker
1 Pck.	Vanillin-Zucker
100 g	Butter

Für den Teig Mehl mit Backpulver mischen, in eine Rührschüssel sieben. Zucker, Vanillin-Zucker, Salz, Ei und Butter oder Margarine hinzufügen. Die Zutaten mit Handrührgerät mit Knethaken zunächst kurz auf niedrigster, dann auf höchster Stufe gut durcharbeiten. Anschließend auf der Arbeitsfläche zu einem glatten Teig verkneten, sollte er kleben, ihn eine Zeitlang kalt stellen. Gut ⅔ des Teiges auf dem Boden einer Springform (Ø 28 cm, Boden gefettet) ausrollen, mehrmals mit einer Gabel einstechen, den Springformrand um den Boden legen.

Ober-/Unterhitze	200–220 °C (vorgeheizt)
Heißluft	etwa 180 °C (nicht vorgeheizt)
Gas	Stufe 3–4 (vorgeheizt)
Backzeit	10–12 Minuten.

Den Boden erkalten lassen. Den Rest des Teiges zu einer Rolle formen, sie als Rand auf den vorgebackenen Boden legen, so an die Form drücken, daß ein etwa 2 cm hoher Rand entsteht. Für die Füllung Äpfel schälen, vierteln, entkernen, in kleine Stücke schneiden, mit Zucker, Zimt, Margarine oder Butter unter Rühren leicht dünsten, abkühlen lassen, auf den vorgebackenen Boden streichen.

Für die Streusel Weizenmehl in eine Rührschüssel sieben. Zucker, Vanillin-Zucker und Butter hinzufügen. Mit Handrührgerät mit Knethaken zu Streuseln von gewünschter Größe verarbeiten, gleichmäßig auf der Füllung verteilen.

Ober-/Unterhitze	200–220 °C (vorgeheizt)
Heißluft	etwa 180 °C (nicht vorgeheizt)
Gas	Stufe 3–4 (nicht vorgeheizt)
Backzeit	etwa 40 Minuten.

Apfelkuchen mit Pudding

Für den Quark-Öl-Teig

300 g	Weizenmehl
1 Pck.	Backpulver
150 g	Magerquark
6 EL	Milch
6 EL	Speiseöl
75 g	Zucker
1 Pck.	Vanillin-Zucker

Für den Belag

1 Pck.	Pudding-Pulver Vanille-Geschmack
20 g	Speisestärke
75 g	Zucker
375 ml (3/8 l)	kalte Milch
125 ml (1/8 l)	Schlagsahne
1	Eigelb
1	Eiweiß
1 1/4 kg	Äpfel

Zum Aprikotieren

2 EL	Aprikosenkonfitüre
1–2 EL	Apricot Brandy

Für den Teig Mehl mit Backpulver mischen, in eine Rührschüssel sieben. Speisequark, Milch, Speiseöl, Zucker und Vanillin-Zucker hinzufügen.
Die Zutaten mit Handrührgerät mit Knethaken auf höchster Stufe in etwa 1 Minute verarbeiten (nicht zu lange, der Teig klebt sonst). Anschließend auf der bemehlten Arbeitsfläche zu einer Rolle formen. Auf einem gefetteten Backblech ausrollen, vor dem Teig einen mehrfach umgeknickten Streifen Alufolie legen.
Für den Belag Pudding-Pulver, Speisestärke und Zucker mit 6 Eßlöffeln Milch anrühren. Die übrige Milch zum Kochen bringen, von der Kochstelle nehmen, das Pudding-Pulver unter Rühren hineingeben, kurz aufkochen lassen. Schlagsahne und Eigelb unter den Pudding rühren. Eiweiß steif schlagen, unter den Pudding heben. Die etwas abgekühlte Masse gleichmäßig auf dem Teig verteilen. Äpfel schälen, vierteln, entkernen, in Spalten schneiden. Schuppenförmig auf den Pudding legen, das Blech in den Backofen schieben.

Ober-/Unterhitze	170–200 °C (vorgeheizt)
Heißluft	160–180 °C (nicht vorgeheizt)
Gas	Stufe 3–4 (vorgeheizt)
Backzeit	etwa 35 Minuten.

Zum Aprikotieren Aprikosenkonfitüre durch ein Sieb streichen, mit Apricot Brandy unter Rühren etwas einkochen lassen. Den Kuchen sofort nach dem Backen damit bestreichen.

Apfelkuchen mit Gitter

Für den Teig das Mehl auf die Arbeitsfläche sieben, in die Mitte eine Vertiefung eindrücken. Vanillin-Zucker, Salz, Magerquark und Butter hineingeben. Das Fett mit Mehl bedecken, von der Mitte aus alle Zutaten schnell zu einem glatten Teig verkneten. Sollte der Teig zu weich sein, evtl. noch etwas Mehl unterkneten. Den Teig 1 Stunde im Kühlschrank ruhen lassen.
Für die Füllung Äpfel schälen, vierteln, entkernen, in kleine Stücke schneiden. Mit Zucker, Vanillin-Zucker unter Rühren weich dünsten, erkalten lassen. Rosinen unter die Apfelmasse heben. ⅔ des Teiges auf einem gefetteten Backblech ausrollen. Die erkalteten Äpfel gleichmäßig darauf verteilen. Den restlichen Teig dünn ausrollen, in 1 cm breite Streifen schneiden, gitterförmig über die Äpfel legen. Mit Dosenmilch bestreichen, in den Backofen schieben.

Ober-/Unterhitze	200–230 °C (vorgeheizt)
Heißluft	180–200 °C (nicht vorgeheizt)
Gas	Stufe 3–4 (vorgeheizt)
Backzeit	30–35 Minuten.

Für den Knetteig

250 g	Weizenmehl
1 Pck.	Vanillin-Zucker
1 Prise	Salz
250 g	Magerquark
250 g	kalte, in Stücke geschnittene Butter

Für die Füllung

2 kg	Äpfel, z.B. Boskop, Cox Orange, Gravensteiner
75–100 g	Zucker
1 Pck.	Vanillin-Zucker
125 g	Rosinen
	Dosenmilch zum Bestreichen

Würziger Apfelkuchen

(Foto)

Für den Rührteig

200 g	Butter
250 g	Zucker
1 Pck.	Vanillin-Zucker
4	Eier
1 Prise	Salz
1 gestr. TL	gemahlener Zimt
½ gestr. TL	gemahlener Ingwer
250 g	Weizenmehl
2 gestr. TL	Backpulver

Für den Belag

12–15	mittelgroße Äpfel
	Preiselbeerkonfitüre

Für den Guß

500 ml (½ l)	Apfelsaft oder
250 ml (¼ l)	Weißwein und
250 ml (¼ l)	Wasser
2 Pck.	Tortenguß, klar
3–4 EL	Zucker

Für den Teig die Butter mit Handrührgerät mit Rührbesen auf höchster Stufe in etwa ½ Minute geschmeidig rühren. Nach und nach Zucker, Vanillin-Zucker, Eier, Salz, Zimt und Ingwer unterrühren. So lange rühren, bis eine gebundene Masse entstanden ist. Weizenmehl mit Backpulver mischen, sieben, auf mittlerer Stufe portionsweise unterrühren. Den Teig auf ein gut gefettetes Backblech streichen.

Für den Belag Äpfel schälen, das Kerngehäuse mit einem Apfelausstecher ausstechen. Die Äpfel in etwa 1 cm dicke Scheiben schneiden, schuppenfömig auf den Teig legen, Apfellöcher mit Preiselbeerkonfitüre füllen.

Das Backblech in den Backofen schieben.

Ober-/Unterhitze	180–200 °C (vorgeheizt)
Heißluft	160–180 °C (nicht vorgeheizt)
Gas	Stufe 3–4 (vorgeheizt)
Backzeit	etwa 40 Minuten.

Den Kuchen erkalten lassen.

Für den Guß aus Apfelsaft oder Weißwein und Wasser mit Tortenguß und Zucker nach der Vorschrift auf dem Päckchen einen Guß zubereiten, über den Kuchen geben.

Für den Hefeteig

500 g	Weizenmehl
1 Pck.	Trockenhefe
65 g	Zucker
1 Prise	Salz
1	kleines Ei
knapp 250 ml (¼ l)	lauwarme Milch
165 g	zerlassene, abgekühlte Butter oder Margarine
	Butter zum Einfetten

Für den Belag

1 kg	Magerquark
125 ml (⅛ l)	Milch
4	Eier
150 g	Zucker
1 Pck.	Vanillin-Zucker
1½ kg	Äpfel

Fränkischer Käsekuchen

(Foto)

Für den Teig Mehl in eine Rührschüssel sieben und sorgfältig mit der Hefe mischen. Zucker, Salz, Ei, Milch und Butter oder Margarine hinzufügen. Die Zutaten mit Handrührgerät mit Knethaken zunächst auf niedrigster, dann auf höchster Stufe in etwa 5 Minuten zu einem Teig verarbeiten. Sollte der Teig kleben, noch etwas Mehl hinzufügen (aber nicht zu viel, der Teig muß weich bleiben). Den Teig abgedeckt so lange an einem warmen Ort stehen lassen, bis er sich sichtbar vergrößert hat. Den Teig aus der Schüssel nehmen und auf der Arbeitsfläche nochmals kurz durchkneten. Ein Backblech mit hohem Rand oder die Fettauffangschale einfetten. Den Teig ausrollen, auf das Blech legen und die Ränder hochdrücken. Zugedeckt noch einmal 20 Minuten gehen lassen.

Für den Belag Magerquark und Milch in einer Schüssel gut verrühren. Auf dem Hefeteig verstreichen. Dann die Eier mit Zucker und Vanillin-Zucker verquirlen und über den Quark verteilen. Die Äpfel schälen, vierteln, entkernen und in dünne Scheiben schneiden. Den Kuchen gleichmäßig damit belegen und weitere 10 Minuten gehen lassen. Das Backblech in den Ofen schieben.

Ober-/Unterhitze	200–230 °C (vorgeheizt)
Heißluft	170–180 °C (nicht vorgeheizt)
Gas	Stufe 4–5 (vorgeheizt)
Backzeit	etwa 30 Minuten.

Gedeckter Apfelkuchen

Für den Teig das Mehl in eine Rührschüssel sieben. Mit Trockenhefe sorgfältig vermischen. Zucker, Vanillin-Zucker, Salz, Butter, Ei und Milch hinzufügen.
Die Zutaten mit Handrührgerät mit Knethaken zunächst kurz auf niedrigster, dann auf höchster Stufe in etwa 5 Minuten zu einem Teig verarbeiten. Sollte er kleben, noch etwas Mehl hinzufügen (aber nicht zuviel, Teig muß weich bleiben). Den Teig an einem warmen Ort so lange stehen lassen, bis er sich sichtbar vergrößert hat.
Für die Füllung Äpfel schälen, vierteln, entkernen, in Stücke schneiden. Mit Rosinen, Zucker, Vanillin-Zucker und Zimt unter Rühren gar dünsten, erkalten lassen.
Den Hefeteig dann auf der Arbeitsfläche nochmals gut durchkneten. 2/3 des Teiges auf einem gefetteten Backblech ausrollen, an den Rändern etwas hochdrücken. Die Füllung auf dem Teig verteilen, glattstreichen.
Den restlichen Teig in der Größe des Backblechs ausrollen, auf die Füllung legen, an den Seiten gut andrücken. Die Teigplatte mit einer Gabel mehrmals einstechen. Den Teig nochmals an einem warmen Ort so lange stehen lassen, bis er sich sichtbar vergrößert hat, erst dann in den Backofen schieben.

Ober-/Unterhitze	200–230 °C (vorgeheizt)
Heißluft	180–200 °C (nicht vorgeheizt)
Gas	Stufe 4–5 (vorgheizt)
Backzeit	15–20 Minuten.

Für den Guß Puderzucker sieben, mit Zitronensaft glattrühren, so daß eine dickflüssige Masse entsteht. Den erkalteten Kuchen damit bestreichen.

Für den Hefeteig

500 g	Weizenmehl
1 Pck.	Trockenhefe
75 g	Zucker
1 Pck.	Vanillin-Zucker
1 Prise	Salz
75 g	zerlassene, lauwarme Butter
1	Ei
250 ml (1/4 l)	lauwarme Milch

Für die Füllung

2 kg	Äpfel, z.B. Boskop
75 g	Rosinen
75 g	Zucker
1 Pck.	Vanillin-Zucker
1 gestr. TL	gemahlener Zimt

Für den Guß

125 g	Puderzucker
2 EL	Zitronensaft

Quark-Sahne-Schnitten

Für den Biskuitteig

3	Eier
3 EL	heißes Wasser
150 g	Zucker
1 Pck.	Vanillin-Zucker
100 g	Weizenmehl
50 g	Speisestärke
1 gestr. TL	Backpulver
	Zucker

Für die Füllung

etwa 200 g	Mandarinenspalten (aus der Dose)
1 Pck.	Gelatine gemahlen, weiß
500 g	Magerquark
150 g	Zucker
1 Pck.	Vanillin-Zucker
2	Eigelb
½	abgeriebene Schale von Zitrone (unbehandelt)
2 EL	Zitronensaft
250 ml (¼ l)	Schlagsahne
2	Eiweiß
	Puderzucker

Für den Teig Eier und Wasser mit Handrührgerät mit Rührbesen auf höchster Stufe in 1 Minute schaumig schlagen. Zucker und den Vanillin-Zucker mischen, in 1 Minute einstreuen, dann noch etwa 2 Minuten schlagen. Mehl, Speisestärke und Backpulver mischen, die Hälfte davon auf die Eiercreme sieben, kurz auf niedrigster Stufe unterrühren, den Rest des Mehlgemisches auf dieselbe Weise unterarbeiten. Den Teig etwa 1 cm dick auf ein gefettetes, mit Backpapier belegtes Backblech streichen, das Papier unmittelbar vor dem Teig zu einer Falte knicken, so daß ein Rand entsteht, sofort backen.

Ober-/Unterhitze	200–220 °C (vorgeheizt)
Heißluft	–
Gas	Stufe 3–4 (vorgeheizt)
Backzeit	10–15 Minuten.

Den Biskuit sofort nach dem Backen auf ein mit Zucker bestreutes Küchentuch stürzen, das Backpapier mit kaltem Wasser bestreichen, vorsichtig, aber schnell abziehen. Den Biskuit quer halbieren, abkühlen lassen.
Für die Füllung Mandarinenspalten abtropfen lassen. Den Saft auffangen, 6 Eßlöffel davon abmessen. Gelatine damit anrühren, 10 Minuten zum Quellen stehen lassen. Quark mit Zucker, Vanillin-Zucker, Eigelb, Zitronenschale und -saft verrühren.
Die Gelatine unter Rühren erwärmen, bis sie gelöst, unter den Quark rühren. Schlagsahne und Eiweiß getrennt steif schlagen, mit den Mandarinenspalten unter den Quark heben. Die Füllung auf eine der Biskuithälften streichen, mit der anderen Hälfte bedecken (die untere Seite nach oben) leicht andrücken. Die Seiten glattstreichen, das Gebäck kalt stellen, bis es schnittfest ist. Die Oberfläche des Gebäcks mit Puderzucker bestäuben, in beliebig große Schnitten schneiden.

Rhabarberkuchen mit Baiser

Für den Rührteig

250 g	weiche Butter oder Margarine
100 g	Zucker
1 Pck.	Vanillin-Zucker
1 Prise	Salz
1	Ei
250 g	Weizenmehl
2½ gestr. TL	Backpulver

Für den Belag

1½ kg	Rhabarber

Für das Baiser

3	Eiweiß
150 g	Zucker

Für den Teig Butter oder Margarine mit Handrührgerät mit Rührbesen auf höchster Stufe in etwa ½ Minute geschmeidig rühren. Nach und nach Zucker, Vanillin-Zucker und Salz unterrühren. So lange rühren, bis eine gebundene Masse entstanden ist. Ei unterrühren (etwa ½ Minute). Mehl mit Backpulver mischen, sieben, portionsweise auf mittlerer Stufe unterrühren. Den Teig auf ein gefettetes Backblech streichen, vor den Teig einen mehrfach umgeknickten Streifen Alufolie legen.
Für den Belag Rhabarber waschen, in Stücke schneiden (nicht abziehen), gleichmäßig auf den Teig legen, das Backblech in den Backofen schieben.

Ober-/Unterhitze	180–200 °C (vorgeheizt)
Heißluft	160–180 °C (nicht vorgeheizt)
Gas	Stufe 3–4 (vorgeheizt)
Backzeit	etwa 25 Minuten.

Für das Baiser Eiweiß steif schlagen, nach und nach Zucker unterschlagen. Die Baisermasse auf den Rhabarber streichen, nochmals in den Backofen schieben, goldbraun werden lassen.

Ober-/Unterhitze	200–220 °C (vorgeheizt)
Heißluft	180–200 °C (nicht vorgeheizt)
Gas	Stufe 4–5 (vorgeheizt)
Backzeit	etwa 8 Minuten.

Johannisbeer-Quark-Kuchen mit Baiser

(Foto)

Für den Quark-Öl-Teig

150 g	Magerquark
6 EL	Milch
6 EL	Speiseöl
75 g	Zucker
1 Pck.	Vanillin-Zucker
1 Prise	Salz
300 g	Weizenmehl
1 Pck.	Backpulver

Für den Belag

750 g	Johannisbeeren
750 g	Magerquark
200 g	Zucker
1 Pck.	Vanillin-Zucker
3	Eier
2	Eigelb
50 g	zerlassene Butter
50 g	Speisestärke

Für das Baiser

2	Eiweiß
100 g	Zucker
20 g	abgezogene, gehobelte Mandeln

Für den Teig Quark mit Milch, Speiseöl, Zucker, Vanillin-Zucker und Salz verrühren. Weizenmehl mit Backpulver mischen, sieben. Die Hälfte davon unterrühren.
Den Rest des Mehls unterkneten, den Teig knapp ½ cm dick auf einem gefetteten Backblech ausrollen.
Für den Belag Johannisbeeren waschen, gut abtropfen lassen, entstielen. Quark mit Zucker, Vanillin-Zucker, Eiern, Eigelb, Butter und Speisestärke verrühren.
Die Johannisbeeren unter die Quarkmasse heben, auf dem Teig verteilen, glattstreichen. Vor den Teig einen mehrfach umgeknickten Streifen Alufolie legen, in den Backofen schieben.

Ober-/Unterhitze	170–200 °C (vorgeheizt)
Heißluft	160–180 °C (nicht vorgeheizt)
Gas	Stufe 3–4 (vorgeheizt)
Backzeit	etwa 25 Minuten.

Für die Baisermasse Eiweiß steif schlagen, es muß so fest sein, daß ein Messerschnitt sichtbar bleibt.
Nach und nach Zucker portionsweise unterschlagen, den Eischnee auf die Quarkmasse streichen.
Mandeln darüber streuen, das Backblech in den Backofen schieben.

Ober-/Unterhitze	200–230 °C (vorgeheizt)
Heißluft	180–200 °C (nicht vorgehizt)
Gas	Stufe 4–5 (vorgeheizt)
Backzeit	etwa 5 Minuten.

Marzipan-Butterkuchen

Für den Teig das Mehl in eine Schüssel sieben, mit Trockenhefe sorgfältig vermischen. Zucker, Salz, Butter und Milch hinzufügen. Alles mit Handrührgerät mit Knethaken zuerst auf der niedrigsten, dann auf der höchsten Stufe in etwa 5 Minuten zu einem glatten Teig verarbeiten. Den Teig an einem warmen Ort so lange stehen lassen, bis er sich sichtbar vergrößert hat, ihn dann auf der Arbeitsfläche kurz durchkneten. Den Teig auf einem gefetteten Backblech ausrollen. Für den Belag Butter und Marzipan-Rohmasse mit Handrührgerät mit Rührbesen gut verrühren. Die Masse in einen Spritzbeutel mit weiter Lochtülle geben, mit den Fingern in Abständen von 2–3 cm Vertiefungen in den Teig drücken. In jede Vertiefung etwas von der Marzipanmasse spritzen. Den Teig nochmals an einem warmen Ort so lange stehen lassen, bis er sich sichtbar vergrößert hat. Crème fraîche verrühren, mit einem Pinsel die Zwischenräume auf dem Kuchen ausstreichen. Zucker mit Vanillin-Zucker mischen, den Kuchen damit bestreuen. Mandeln darüber verteilen. Das Backblech in den Backofen schieben.

Ober-/Unterhitze	200–230 °C (vorgeheizt)
Heißluft	180–200 °C (nicht vorgeheizt)
Gas	Stufe 4–5 (vorgeheizt)
Backzeit	etwa 15 Minuten.

Für den Hefeteig

375 g	Weizenmehl
1 Pck.	Trockenhefe
75 g	Zucker
1 Prise	Salz
75 g	zerlassene Butter
200 ml	lauwarme Milch

Für den Belag

100 g	weiche Butter
200 g	Marzipan-Rohmasse
1 Becher (150 g)	Crème fraîche
2–3 EL	Zucker
1 Pck.	Vanillin-Zucker
40 g	abgezogene, gehobelte Mandeln

Butter- oder Zuckerkuchen

Für den Teig Mehl mit Backpulver mischen, in eine Rührschüssel sieben. Magerquark, Milch, Speiseöl, Zucker, Vanillin-Zucker und Salz hinzufügen. Die Zutaten mit Handrührgerät mit Knethaken auf höchster Stufe etwa 1 Minute verarbeiten. Anschließend auf der Arbeitsfläche zu einer Rolle formen, dabei die Rosinen unterkneten. Den Teig auf einem gefetteten Backblech ausrollen. Für den Belag Butter in Flöckchen gleichmäßig auf den Teig legen oder zerlassen darauf streichen. Zucker mit Vanillin-Zucker und Mandeln mischen. Gleichmäßig auf dem Teig verteilen, vor den Teig einen mehrfach umgeknickten Streifen Alufolie legen. Das Backblech in den Backofen schieben.

Ober-/Unterhitze	170–200 °C (vorgeheizt)
Heißluft	160–180 °C (nicht vorgeheizt)
Gas	Stufe 3–4 (vorgeheizt)
Backzeit	etwa 20 Minuten.

Für den Quark-Öl-Teig

- 300 g Weizenmehl
- 1 Pck. Backpulver
- 150 g Magerquark
- 6 EL Milch
- 6 EL Speiseöl
- 75 g Zucker
- 1 Pck. Vanillin-Zucker
- 1 Prise Salz
- 75 g Rosinen

Für den Belag

- 125 g Butter
- 75 g Zucker
- 1 Pck. Vanillin-Zucker
- 50 g abgezogene, gehobelte Mandeln

Sächsischer Prasselkuchen

Den Blätterteig bei Zimmertemperatur auftauen lassen. Alle Platten zusammen zu einem Rechteck, etwa 3 mm dünn, ausrollen. Eiweiß mit Handrührgerät mit Rührbesen auf höchster Stufe steif schlagen. Zucker nach und nach unterrühren.
Zum Schluß die gehackten Mandeln unterheben. Diese Masse auf die Blätterteigplatte streichen.
Für die Streusel das Mehl in eine Rührschüssel sieben, mit Zucker, Vanillin-Zucker mischen, die Butter hinzufügen. Alle Zutaten mit Handrührgerät mit Knethaken zu Streuseln von gewünschter Größe verarbeiten und gleichmäßig auf die Eiweißmasse verteilen. Die Blätterteigplatte in 7 x 5 cm große Rechtecke schneiden und auf ein mit Wasser abgespültes Backblech legen. Das Backblech in den Backofen schieben.

Ober-/Unterhitze	200–230 °C (vorgeheizt)
Heißluft	170–180 °C (nicht vorgeheizt)
Gas	Stufe 4–5 (nicht vorgeheizt)
Backzeit	etwa 20 Minuten.

Für den Blätterteig

1 Packung TK Blätterteig (450 g)

Für den Belag

3 Eiweiß
150 g Zucker
150 g abgezogene, feingehackte Mandeln

Für die Streusel

100 g Weizenmehl
70 g Zucker
1 Pck. Vanillin-Zucker
70 g weiche Butter

Dresdner Eierschecke

(Foto)

Für den Hefeteig

300 g	Weizenmehl
½	Würfel Frischhefe
125 ml (⅛ l)	lauwarme Milch
50 g	Zucker
1 Pck.	Vanillin-Zucker
	Salz
1	Ei
100 g	Butter oder Margarine

Für die Quarkmasse

1 Pck.	Pudding-Pulver Vanille-Geschmack
40 g	Zucker
500 ml (½ l)	Milch
500 g	Magerquark
50 g	Rosinen

Für die Eiercreme

125 g	Butterschmalz oder Margarine
125 g	Zucker
4	Eigelb
4	Eiweiß
15 g	Speisestärke

Für den Teig das Mehl in eine Schüssel sieben, in die Mitte eine Vertiefung drücken, Hefe hineinbröckeln.
Mit ⅓ der lauwarmen Milch und dem Zucker anrühren, an einem warmen Ort etwa 10 Minuten stehen lassen. Die restlichen Zutaten hinzufügen und mit Handrührgerät mit Knethaken in etwa 5 Minuten zu einem glatten Teig verarbeiten. Den Teig so lange an einem warmen Ort stehen lassen, bis er sich sichtbar vergrößert hat. Den Teig in einer gefetteten Fettfangschale ausrollen.
Für die Quarkmasse aus Pudding-Pulver, Zucker und Milch nach Packungsaufschrift einen Pudding zubereiten. Quark und Rosinen darunter rühren, etwas abkühlen lassen, auf dem Hefeteig verteilen.
Für die Eiercreme Butterschmalz oder Margarine mit Handrührgerät mit Rührbesen schaumig rühren. Zucker unterrühren, bis eine gebundene Masse entstanden ist. Eigelb unterrühren (je Eigelb ½ Minute). Das Eiweiß steif schlagen, auf die Masse geben. Stärke darauf sieben, unterheben. Eiercreme auf die Quarkmasse geben und darauf verteilen, sofort backen.

Ober-/Unterhitze	etwa 180 °C (vorgeheizt)
Heißluft	etwa 160 °C (nicht vorgeheizt)
Gas	Stufe 3–4 (vorgeheizt)
Backzeit	etwa 35 Minuten.

Für den Hefeteig

500 g	Weizenmehl
1 Pck.	Trockenhefe
75 g	Zucker
1 Pck.	Vanillin-Zucker
1 Prise	Salz
75 g	zerlassene, lauwarme Butter
1	Ei
250 ml (¼ l)	lauwarme Milch

Für die Füllung

2 Pck.	Pudding-Pulver Vanille-Geschmack
80 g	Zucker
1 l	kalte Milch

Für den Guß

100 g	Zartbitter-Schokolade
25 g	Kokosfett

Puddingkuchen

Für den Teig Mehl in eine Rührschüssel sieben, mit der Trockenhefe sorgfältig vermischen. Zucker, Vanillin-Zucker, Salz, Butter, Ei und Milch hinzufügen. Die Zutaten mit Handrührgerät mit Knethaken zuerst auf der niedrigsten, dann auf der höchsten Stufe in etwa 5 Minuten zu einem Teig verarbeiten. Sollte er kleben, noch etwas Mehl hinzufügen (aber nicht zu viel, Teig muß weich bleiben). Den Teig an einem warmen Ort so lange stehen lassen, bis er sich sichtbar vergrößert hat, ihn dann auf der Arbeitsfläche nochmals gut durchkneten. ⅔ des Teiges auf einem gefetteten Backblech ausrollen, an den Rändern etwas hochdrücken. Für die Füllung Pudding-Pulver und Zucker mit 8 Eßlöffeln der Milch anrühren. Die restliche Milch zum Kochen bringen, von der Kochstelle nehmen, das angerührte Pudding-Pulver langsam unter Rühren hineingeben, kurz aufkochen lassen. Während des Erkaltens ab und zu durchrühren. Die Füllung auf den Teig geben, glattstreichen.
Den restlichen Teig in Größe des Backblechs ausrollen, auf die Füllung legen. An den Seiten gut andrücken die Teigplatte mit einer Gabel mehrmals einstechen. Den Teig nochmals an einem warmen Ort stehen lassen, bis er sich sichtbar vergrößert hat, erst dann in Backofen schieben.

Ober-/Unterhitze	200–230 °C (vorgeheizt)
Heißluft	180–200 °C (nicht vorgeheizt)
Gas	Stufe 4–5 (vorgeheizt)
Backzeit	15–20 Minuten.

Für den Guß Schokolade in kleine Stücke brechen, mit Kokosfett in einem kleinen Topf im Wasserbad bei schwacher Hitze zu einer geschmeidigen Masse verrühren. Den erkalteten Kuchen damit bestreichen.

Für den Hefeteig

1 Pck.	Trockenhefe
1 TL	Zucker
100 ml	lauwarme Milch
500 g	Weizenmehl
	abgeriebene Schale von
½	Zitrone (unbehandelt)
50 g	Zucker
2	Eier
1 Prise	Salz
2 Msp.	gemahlener Kardamom
2 Msp.	gemahlener Ingwer
250 g	zerlassene, abgekühlte Butter oder Margarine
100 g	Rosinen
100 g	Korinthen

Für den Belag

50 g	Butterflöckchen
50 g	Zimt-Zucker

Für den Teig Hefe, Zucker und Milch in einer Schüssel sorgfältig anrühren, etwa 15 Minuten bei Zimmertemperatur gehen lassen. Mehl in eine Rührschüssel sieben, in die Mitte eine Vertiefung drücken. Zitronenschale, Zucker, Eier, Gewürze und Butter oder Margarine an den Rand des Mehls geben. Die angesetzte Hefe in die Vertiefung geben. Die Zutaten mit Handrührgerät mit Knethaken zunächst kurz auf niedrigster, dann auf höchster Stufe in etwa 5 Minuten zu einem Teig verarbeiten. Den Teig an einem warmen Ort so lange gehen lassen, bis er sich sichtbar vergrößert hat, ihn dann auf der Arbeitsfläche nochmals kurz durchkneten. Rosinen und Korinthen kurz auf mittlerer Stufe unterkneten. Den Teig auf einem gefetteten Backblech ausrollen und nochmals abgedeckt an einem warmen Ort so lange gehen lassen, bis er sich sichtbar vergrößert hat. Den Teig mit Butterflöckchen belegen und mit Zimt-Zucker bestreuen.

Holsteiner Weihnachtskuchen

Ober-/Unterhitze	200–230 °C (vorgeheizt)
Heißluft	170–180 °C (nicht vorgeheizt)
Gas	Stufe 4–5 (vorgeheizt)
Backzeit	etwa 15 Minuten.

Sächsischer Kirmeskuchen

Für den Teig das Mehl in eine Rührschüssel sieben und sorgfältig mit der Trockenhefe vermischen. Zucker, Vanillin-Zucker, Salz, Milch und Butter oder Margarine hinzufügen. Die Zutaten mit Handrührgerät mit Knethaken zunächst kurz auf niedrigster, dann auf höchster Stufe in etwa 5 Minuten zu einem Teig verarbeiten. Den Teig abgedeckt so lange an einem warmen Ort gehen lassen, bis er sich sichtbar vergrößert hat. Den Teig aus der Schüssel nehmen und auf der Arbeitsfläche nochmals kurz durchkneten, sollte er kleben noch etwas Mehl unterkneten. Den Teig auf einem gefetteten Backblech ausrollen, vor den Teig einen mehrfach umgeknickten Streifen Alufolie legen. Für die Quarkschicht Quark mit Zucker, gesiebter Speisestärke, Butter oder Margarine, Eiern, Rosinen und der Zitronenschale verrühren. Die Quarkmasse auf den Hefeteig streichen.

Für die Streusel das Mehl in eine Rührschüssel sieben, mit Zucker und dem Vanillin-Zucker mischen, die Butter hinzufügen. Alle Zutaten mit Handrührgerät mit Knethaken zu Streuseln von gewünschter Größe verarbeiten und gleichmäßig auf der Quarkmasse verteilen. Den Teig nochmals etwa 20 Minuten gehen lassen. Das Backblech in den Backofen schieben.

Ober-/Unterhitze	180–200 °C (vorgeheizt)
Heißluft	etwa 160 °C (nicht vorgeheizt)
Gas	Stufe 3–4 (vorgeheizt)
Backzeit	30–35 Minuten.

Für den Hefeteig

500 g	Weizenmehl
1 Pck.	Trockenhefe
75 g	Zucker
1 Pck.	Vanillin-Zucker
1 Prise	Salz
250 ml (¼ l)	lauwarme Milch
75–100 g	zerlassene, abgekühlte Butter oder Margarine

Für die Quarkschicht

500 g	Magerquark
150 g	Zucker
1 EL	Speisestärke
50 g	Butter oder Margarine
2	Eier
50 g	Rosinen
	etwas abgeriebene Schale von
1	Zitrone (unbehandelt)

Für die Streusel

150 g	Weizenmehl
75 g	Zucker
1 Pck.	Vanillin-Zucker
75–100 g	weiche Butter

Früchtebrot

Für den Teig das Mehl in eine Schüssel sieben. Zucker mit Vanillin-Zucker, Salz und Gewürzen hineingeben. Feigen mit Datteln und Backpflaumen grob zerschneiden. Zitronat und Orangeat mit Haselnußkernen, Walnußkernen und Belegkirschen zu der Mehlmischung geben. Butter oder Margarine in einem Topf langsam erwärmen, zerlassen. Milch, Zitronensaft, Wasser und Rum-Aroma hinzufügen, von der Mitte aus unter die Mehlmischung rühren. Das Ei hinzugeben, den Teig abkühlen lassen. Weizenmehl und Backpulver mischen, über den Teig sieben, unterrühren.
Den Teig in eine Kastenform (Umfang 8 x 34 x 11 cm, gefettet, mit Backpapier belegt) füllen.

Ober-/Unterhitze	180–200 °C (vorgeheizt)
Heißluft	160–180 °C (nicht vorgeheizt)
Gas	Stufe 3–4 (vorgeheizt)
Backzeit	75–90 Minuten.

Hinweis:

Das Früchtebrot 2–3 Wochen vor dem Verzehr backen, gut ausgekühlt in Alufolie einwickeln.

Für den Teig

250 g	Weizenmehl	250 g	gekochte, entkernte Backpflaumen	125 g	Butter oder Margarine
100 g	Zucker	50 g	feingewürfeltes Zitronat	6 EL	Milch
1 Pck.	Vanillin-Zucker	50 g	feingewürfeltes Orangeat	4 TL	Zitronensaft
½ gestr. TL	Salz	100 g	Haselnußkerne	2 EL	Wasser
½ TL	gemahlene Macis	100 g	Walnußkerne	1 Fläschchen	Rum-Aroma
½ TL	gemahlener Zimt	125 g	Belegkirschen	1	Ei
½ TL	gemahlene Nelken			150 g	Weizenmehl
250 g	getrocknete Feigen			1 Pck.	Backpulver
200 g	entkernte Datteln				

Thüringer Mohnkuchen

(Foto)

Für den Quark-Öl-Teig

150 g	Magerquark
6 EL	Milch
6 EL	Speiseöl
75 g	Zucker
1 Pck.	Vanillin-Zucker
1 Prise	Salz
300 g	Weizenmehl
1 Pck.	Backpulver

Für den Belag

250 g	gemahlener Mohn
50 g	Rosinen
1 Pck.	Pudding-Pulver Vanille-Geschmack
50 g	Weizengrieß
200 g	Zucker
750 ml (3/4 l)	kalte Milch
2–3 Tropfen	Zitronen-Aroma
2	Eigelb
2	Eiweiß

Für den Teig Quark, Milch, Öl, Zucker, Vanillin-Zucker und Salz mit Handrührgerät mit Rührbesen verrühren. Mehl und Backpulver mischen und sieben. Die Hälfte davon unterrühren. Den Rest des Mehls unterkneten. Den Teig auf einem gefetteten Backblech ausrollen.
Für den Belag den Mohn mit Wasser übergießen und gut abtropfen lassen. Pudding-Pulver, Grieß und den Zucker mischen und mit 8 Eßlöffeln von der Milch anrühren. Die übrige Milch zum Kochen bringen. Das Pudding-Pulver unter Rühren in die von der Kochstelle genommene Milch geben. Kurz aufkochen lassen. Mohn, Rosinen und Zitronen-Aroma unterrühren. Die Hälfte der Mohnmasse auf den Teig streichen. Unter den Rest das Eigelb rühren. Eiweiß steif schlagen und unterheben. Die Ei-Mohn-Masse auf die Mohnmasse streichen. Das Blech in den Ofen schieben.

Ober-/Unterhitze	180–200 °C (vorgeheizt)
Heißluft	160–170 °C (nicht vorgeheizt)
Gas	Stufe 3–4 (vorgeheizt)
Backzeit	20–30 Minuten.

Mohnstrudel

Für den Strudelteig

250 g	Weizenmehl
1 Prise	Salz
100 ml	lauwarmes Wasser
1	kleines Ei
1 EL	Speiseöl

Für die Füllung

500 g	gemahlener Mohn
375 ml–500 ml (3/8–1/2 l)	kochendes Wasser
100 g	Zucker
3 EL	Honig
1	Ei
1	abgeriebene Schale von Zitrone (unbehandelt)
100 g	Rosinen
250 g	säuerliche Äpfel
50 g	zerlassene Butter
	Puderzucker

Für den Teig das Mehl auf die Arbeitsfläche sieben, in die Mitte eine Vertiefung eindrücken. Salz, Wasser, Ei und Speiseöl hineingeben. Mit einem Teil des Mehls zu einem dicken Brei verarbeiten, von der Mitte aus alle Zutaten schnell zu einem glatten Teig verkneten. Ihn auf Pergamentpapier in einen heißen, trockenen Kochtopf legen (vorher Wasser darin kochen), mit einem Deckel verschließen, etwa 30 Minuten ruhen lassen.
Für die Füllung Mohn mit kochendem Wasser übergießen, verrühren, bis eine geschmeidige Masse entstanden ist. Zucker mit Honig, Ei, Zitronenschale und Rosinen unterrühren. Äpfel schälen, entkernen, grob raspeln, unter die Mohnmasse rühren. Den Strudelteig auf einem bemehlten großen Tuch (Tischtuch) dünn ausrollen, ihn dann mit den Händen zu einem Rechteck von etwa 50 x 70 cm ausziehen (er muß durchsichtig sein). Die Ränder, wenn sie dicker sind, abschneiden. Auf 2/3 des Teiges die Füllung streichen (an den kürzeren Seiten etwa 3 cm Teig frei lassen).
Den Teig mit Hilfe des Tuches, mit der Füllung beginnend, aufrollen, an den Enden gut zusammendrücken. Den Strudel auf ein mit Butter oder Margarine gefettetes Backblech legen, mit etwas zerlassener Butter bestreichen, in den Backofen schieben. Den Strudel während des Backens mit der restlichen Butter bestreichen.

Ober-/Unterhitze	200–230 °C (vorgeheizt)
Heißluft	180–200 °C (nicht vorgeheizt)
Gas	Stufe 3–4 (vorgeheizt)
Backzeit	etwa 50 Minuten.

Puderzucker auf den erkalteten Strudel stäuben.

Für die Füllung

75 g	getrocknete Aprikosen
	Wasser
500 g	säuerliche Äpfel
250 g	Magerquark
1 Becher (150 g)	Crème fraîche
1	Ei
50 g	Zucker
1 Pck.	Vanillin-Zucker
1 geh. EL	Speisestärke
	abgeriebene Schale von
1	Zitrone (unbehandelt)
1–2 EL	Zitronensaft
50 g	abgezogene, gehobelte Mandeln
75 g	Rosinen

Für den Strudelteig

250 g	Weizenmehl
1 Prise	Salz
100 ml	lauwarmes Wasser
1	kleines Ei
1 EL	Speiseöl
50 g	zerlassene Butter
	Puderzucker

Quarkstrudel mit Obst

Für die Füllung Aprikosen 2–3 Stunden in Wasser einweichen, abtropfen lassen, in feine Streifen schneiden. Äpfel schälen, vierteln, entkernen, in dünne Scheiben schneiden. Quark mit Crème fraîche, Ei, Zucker, Vanillin-Zucker, Speisestärke, Zitronenschale und -saft, verrühren. Aprikosenstreifen, Apfelscheiben, Mandeln und Rosinen unterheben.

Für den Teig Mehl auf die Arbeitsfläche sieben, in die Mitte eine Vertiefung eindrücken. Salz, Wasser, Ei und Speiseöl hineingeben. Mit einem Teil des Mehls zu einem dicken Brei verarbeiten, mit Mehl bedecken. Von der Mitte aus alle Zutaten schnell zu einem glatten Teig verkneten. Den Teig auf Pergamentpapier in einen heißen, trockenen Kochtopf (vorher Wasser darin kochen) legen, mit einem Deckel verschließen, etwa 30 Minuten ruhen lassen.

Den Strudelteig auf einem bemehlten Tuch (Tischtuch) dünn ausrollen, ihn dann mit den Händen zu einem Rechteck von etwa 50 x 70 cm ausziehen (er muß durchsichtig sein).

Die Ränder, wenn sie dicker sind, abschneiden. Die Füllung auf ⅔ des Teiges verteilen (an den kürzeren Seiten etwa 3 cm Teig frei lassen). Auf den unbelegten Teig die Hälfte der Butter streichen, die Teigränder auf die Füllung schlagen. Den Teig mit Hilfe des Tuches, mit der Füllung beginnend, aufrollen, an den Enden gut zusammendrücken. Den Strudel auf ein mit Butter oder Margarine gefettetes Backblech legen, mit der restlichen Butter bestreichen, in den Backofen schieben.

Ober-/Unterhitze	200–230 °C (vorgeheizt)
Heißluft	180–200 °C (nicht vorgeheizt)
Gas	Stufe 3–4 (vorgeheizt)
Backzeit	40–45 Minuten.

Den Strudel sofort nach dem Backen mit gesiebtem Puderzucker bestäuben, warm servieren.

Heidelbeerkuchen

Für den Belag Heidelbeeren verlesen, waschen, gut abtropfen lassen.
Für den Teig Mehl mit Backpulver mischen, in eine Rührschüssel sieben. Quark mit Milch, Speiseöl, Ei, Zucker, Vanillin-Zucker und Salz hinzufügen. Die Zutaten mit Handrührgerät mit Knethaken auf höchster Stufe etwa 1 Minute verarbeiten. Auf der Arbeitsfläche zu einer Rolle formen. Den Teig auf dem Boden einer Springform (Ø 28 cm, Boden gefettet) ausrollen, am Rand etwas hochdrücken.
Die Heidelbeeren gleichmäßig auf dem Teig verteilen.
Für den Guß Butter geschmeidig rühren, nach und nach Zucker, Quark, Ei, Dessert-Soße und Milch unterrühren. Den Guß über die Heidelbeeren verteilen.
Die Form auf dem Rost in den Backofen schieben.

Ober-/Unterhitze	170–200 °C (vorgeheizt)
Heißluft	160–180 °C (nicht vorgeheizt)
Gas	Stufe 2–3 (vorgeheizt)
Backzeit	60–70 Minuten.

Den Kuchen in der Form erkalten lassen.

Für den Belag

1 kg Heidelbeeren

Für den Quark-Öl-Teig

200 g Weizenmehl
4 gestr. TL Backpulver
100 g Magerquark
1 EL Milch
4 EL Speiseöl
1 Ei
50 g Zucker
1 Pck. Vanillin-Zucker
1 Prise Salz

Für den Guß

50 g Butter
100 g Zucker
250 g Magerquark
1 Ei
1 Pck. Dessert-Soße Vanille-Geschmack
5 EL kalte Milch

Apfel-Marzipankuchen

(Foto)

Für den Teig Mehl und Backpulver mischen, auf die Arbeitsfläche sieben, in die Mitte eine Vertiefung eindrücken. Zucker, Nelken, Zimt und Eigelb hineingeben, mit einem Teil des Mehls zu einem dicken Brei verarbeiten. Butter in Stücke schneiden, mit den Mandeln auf den Brei geben, mit Mehl bedecken. Von der Mitte aus alle Zutaten schnell zu einem glatten Teig verkneten, sollte er kleben, ihn eine Zeitlang kalt stellen. $^{2}/_{3}$ des Teiges auf dem Boden einer Springform (Ø 28 cm, Boden gefettet) ausrollen. Den Rest des Teiges zu einer Rolle formen, als Rand auf den Boden legen, so an die Form drücken, daß der Rand gut 2 cm hoch wird. Für den Belag Marzipan-Rohmasse und Butter mit Handrührgerät mit Rührbesen zu einer geschmeidigen Masse verrühren. Nach und nach Puderzucker, Eier und Eiweiß hinzugeben. Mehl mit Backpulver mischen, sieben, portionsweise unterrühren. Äpfel schälen, vierteln, entkernen. Einen Apfel in Spalten, die übrigen in kleine Stücke schneiden. Die Apfelstücke unter die Marzipanmasse heben. Die Marzipan-Apfel-Masse gleichmäßig auf den Teigboden füllen, glattstreichen, mit den Apfelspalten belegen. Die Form auf dem Rost in den Backofen schieben.

Ober-/Unterhitze	170–200 °C (vorgeheizt)
Heißluft	160-180 °C (nicht vorgeheizt)
Gas	Stufe 2–3 (nicht vorgeheizt)
Backzeit	etwa 45 Minuten.

Den kalten Kuchen mit etwas flüssiger Butter bestreichen.

Für den Knetteig

- 150 g Weizenmehl
- ½ gestr. TL Backpulver
- 75 g Zucker
- 1 Msp. gemahlene Nelken
- ½ gestr. TL gemahlener Zimt
- 1 Eigelb
- 100 g kalte Butter
- 75 g abgezogene, gemahlene Mandeln

Für den Belag

- 200 g Marzipan-Rohmasse
- 125 g Butter
- 75 g gesiebter Puderzucker
- 2 Eier
- 1 Eiweiß
- 100 g Weizenmehl
- 1 gestr. TL Backpulver
- 500 g Äpfel, z.B.Cox-Orange, Boskop oder Gravensteiner

etwas flüssige Butter

Apfelkuchen, sehr fein

Für den Rührteig

125 g	Margarine oder Butter
125 g	Zucker
1 Pck.	Vanillin-Zucker
1 Prise	Salz
½ Fläschchen	Zitronen-Aroma
3	Eier
200 g	Weizenmehl
2 gestr. TL	Backpulver
1–2 EL	Milch

Für den Belag

750 g	Äpfel
25 g	zerlassene Butter
40 g	Rosinen

Zum Aprikotieren

2 EL	durch ein Sieb gestrichene Aprikosenkonfitüre
1 EL	Wasser

Für den Teig Margarine oder Butter mit Handrührgerät mit Rührbesen auf höchster Stufe geschmeidig rühren. Nach und nach Zucker, Vanillin-Zucker, Salz und Zitronen-Aroma unterrühren. So lange rühren, bis eine gebundene Masse entstanden ist. Eier nach und nach unterrühren (jedes Ei etwa ½ Minute). Weizenmehl mit Backpulver mischen, sieben. Abwechselnd portionsweise mit Milch auf mittlerer Stufe unterrühren (nur so viel Milch verwenden, daß der Teig schwerreißend vom Löffel fällt). Den Teig in eine Springform (Ø 28 cm, Boden gefettet) füllen, glattstreichen.
Für den Belag Äpfel schälen, vierteln, entkernen. Mehrmals der Länge nach einritzen, kranzförmig auf den Teig legen. Die Äpfel mit Butter bestreichen, nach Belieben das Ganze mit Rosinen bestreuen.

Ober-/Unterhitze	170–200 °C (vorgeheizt)
Heißluft	160–170 °C (nicht vorgeheizt)
Gas	Stufe 3–4 (nicht vorgeheizt)
Backzeit	40–50 Minuten.

Zum Aprikotieren Aprikosenkonfitüre mit Wasser unter Rühren aufkochen lassen. Den Kuchen sofort nach dem Backen damit bestreichen.

Abwandlung:

Anstelle der Äpfel 600 g entsteinte Sauerkirschen verwenden.

Böhmischer Apfelkuchen

Für den Knetteig

175 g	Weizenmehl
½ gestr. TL	Backpulver
75 g	Zucker
1 Pck.	Vanillin-Zucker
1	kleines Ei
75 g	kalte Butter
1 gestr. EL	Weizenmehl

Für die Füllung

100 g	Rosinen oder Korinthen
2 EL	Rum
25 g	Butter
25 g	Zucker
2 EL	Semmelbrösel
1 geh. Msp.	gemahlener Zimt
500 g	Äpfel

Für den Belag

1 Pck.	Pudding-Pulver Vanille-Geschmack
100 g	Zucker
1 Pck.	Vanillin-Zucker
1½	Eigelb
250 ml (¼ l)	kalte Milch
500 g	Speisequark
1–2 Tropfen	Zitronen-Aroma
2	Eiweiß
½	Eigelb
1 EL	kalte Milch

Für den Teig Mehl mit Backpulver mischen, auf die Arbeitsfläche sieben, in die Mitte eine Vertiefung eindrücken. Zucker, Vanillin-Zucker und Ei hineingeben, mit einem Teil des Mehls zu einem dicken Brei verarbeiten. Butter in Stücke schneiden, auf den Brei geben, mit Mehl bedecken. Von der Mitte aus alle Zutaten schnell zu einem glatten Teig verkneten. Sollte der Teig kleben, ihn eine Zeitlang kalt stellen. ⅔ des Teiges auf dem Boden einer Springform (Ø 28 cm, Boden gefettet) ausrollen, unter den Rest des Teiges Weizenmehl kneten, zu einer Rolle formen. Sie als Rand auf den Boden legen, so an die Form drücken, daß der Rand knapp 3 cm hoch wird. Für die Füllung Rosinen oder Korinthen in Rum einige Stunden stehen lassen. Butter zerlassen. Zucker und Semmelbrösel unter Rühren darin bräunen. Zimt hinzugeben, abkühlen lassen. Äpfel schälen, vierteln, entkernen, in dünne Scheiben schneiden. Semmelbröselstreusel (evtl. etwas zerkrümeln) und Rosinen (Korinthen) auf den Teigboden streuen, die Äpfel darauf legen, die Form in den Backofen schieben.

Ober-/Unterhitze	200–230 °C (vorgeheizt)
Heißluft	180–200 °C (nicht vorgeheizt)
Gas	Stufe 4–5 (vorgeheizt)
Backzeit	etwa 20 Minuten.

Für den Belag Pudding-Pulver und ⅔ des Zuckers, Vanillin-Zucker und Eigelb mit 6 Eßlöffeln der Milch anrühren. Die übrige Milch zum Kochen bringen, das Pudding-Pulver unter Rühren in die von der Kochstelle genommene Milch geben, kurz aufkochen lassen. Quark und Zitronen-Aroma unterrühren, kurz aufkochen lassen. Eiweiß steif schlagen, den Rest des Zuckers nach und nach unterschlagen, unter die Quarkmasse ziehen. Gleichmäßig auf dem Tortenboden verteilen. Eigelb mit Milch verschlagen. Den Kuchen damit bestreichen, in den Backofen schieben.

Ober-/Unterhitze	130–150 °C (vorgeheizt)
Heißluft	110–130 °C (nicht vorgeheizt)
Gas	Stufe 1–2 (vorgeheizt)
Backzeit	etwa 55 Minuten.

Quarkkuchen, gerührt

Für den Teig Haselnüsse auf ein trockenes sauberes Blech legen, im Backofen bei etwa 130 °C so lange erhitzen, bis sich die braunen Häutchen abreiben lassen. Die heißen Nüsse in ein sauberes Küchentuch geben und die Häutchen mit Kreisbewegungen abreiben. Nüsse mahlen, Quark durch ein Sieb streichen. Butter oder Margarine mit Handrührgerät mit Rührbesen auf höchster Stufe geschmeidig rühren. Nach und nach Zucker, Vanillin-Zucker, Salz und Zitronenschale unterrühren, bis eine gebundene Masse entstanden ist. Die Eier trennen, das Eigelb nach und nach unterrühren (jedes Ei etwa ½ Minute). Quark und gemahlene Nüsse auf mittlerer Stufe kurz unterrühren. Eiweiß steif schlagen. Zwiebackbrösel und Backpulver mischen. Eiweiß und Zwiebackbrösel auf den Teig geben und vorsichtig unterheben. Den Teig in eine Pie- oder Springform (Ø 26 cm, Boden gefettet) füllen und auf dem Rost in den Backofen schieben.

Ober-/Unterhitze	etwa 180 °C (vorgeheizt)
Heißluft	etwa 160 °C (nicht vorgeheizt)
Gas	Stufe 3–4 (vorgeheizt)
Backzeit	etwa 25 Minuten.

Den Kuchen aus der Form lösen, auf einem Kuchenrost auskühlen lassen, mit leicht erwärmter, glatt gerührter Konfitüre bestreichen, mit Schokolade und Krokant bestreuen.

Für den Rührteig

100 g	Haselnußkerne
100 g	Magerquark
100 g	Butter oder Margarine
100 g	Zucker
1 Pck.	Vanillin-Zucker
1 Prise	Salz
	abgeriebene Schale von
1	Zitrone (unbehandelt)
3	Eier
30–50 g	Zwiebackbrösel
½ TL	Backpulver
100 g	rote Konfitüre
	geschabte Schokolade
20 g	Krokantstreusel

Für den Knetteig

150 g	Weizenmehl
½ gestr. TL	Backpulver
75 g	Zucker
1 Pck.	Vanillin-Zucker
1 Prise	Salz
1	Ei
75 g	weiche Butter
1 gestr. EL	Weizenmehl

Für die Füllung

750 g	Magerquark
150 g	Zucker
3 EL	Zitronensaft
50 g	Speisestärke
4	Eigelb
4	Eiweiß
200 ml	Schlagsahne

Käsekuchen

Für den Teig Mehl mit Backpulver mischen, in eine Rührschüssel sieben. Zucker, Vanillin-Zucker, Salz, Ei und Butter hinzufügen. Die Zutaten mit Handrührgerät mit Knethaken zunächst kurz auf niedrigster, dann auf höchster Stufe gut durcharbeiten. Anschließend auf der Arbeitsfläche zu einem glatten Teig verkneten, sollte er kleben, ihn eine Zeitlang kalt stellen. Gut ⅔ des Teiges auf dem Boden einer Springform (Ø 28 cm, Boden gefettet) ausrollen. Unter den Rest des Teiges Weizenmehl kneten, zu einer Rolle formen. Die Rolle als Rand auf den Teigboden legen, so an die Form drücken, daß ein etwa 3 cm hoher Rand entsteht. Den Teigboden mehrmals mit einer Gabel einstechen.

Ober-/Unterhitze	200–220 °C (vorgeheizt)
Heißluft	180–200 °C (nicht vorgeheizt)
Gas	Stufe 3–4 (vorgeheizt)
Backzeit	etwa 10 Minuten.

Für die Füllung Quark mit Zucker, Zitronensaft, Speisestärke und Eigelb gut verrühren. Eiweiß steif schlagen. Schlagsahne steif schlagen. Beide Zutaten unter die Quarkmasse heben, gleichmäßig auf den vorgebackenen Boden streichen.

Ober-/Unterhitze	etwa 170 °C (vorgeheizt)
Heißluft	etwa 150 °C (nicht vorgeheizt)
Gas	Stufe 2–3 (nicht vorgeheizt)
Backzeit	etwa 60 Minuten.

Den Kuchen nach der Backzeit (Backofen ausschalten) noch 20 Minuten bei geöffneter Backofentür im Backofen stehen lassen.

Käsekuchen mit Streuseln

Für den Knetteig

150 g	Weizenmehl
½ gestr. TL	Backpulver
75 g	Zucker
1 Pck.	Vanillin-Zucker
1 Prise	Salz
1	Ei
75 g	weiche Butter
1 gestr. EL	Weizenmehl

Für die Füllung

750 g	Magerquark
150 g	Zucker
3 EL	Zitronensaft
50 g	Speisestärke
3	Eigelb
3	Eiweiß
200 ml	Schlagsahne

Für die Streusel

100 g	Weizenmehl
75 g	Zucker
1 Pck.	Vanillin-Zucker
75 g	weiche Butter

Für den Teig Mehl mit Backpulver mischen, in eine Rührschüssel sieben. Zucker, Vanillin-Zucker, Salz, Ei und Butter hinzufügen. Die Zutaten mit Handrührgerät mit Knethaken zunächst kurz auf niedrigster, dann auf höchster Stufe gut durcharbeiten. Anschließend auf der Arbeitsfläche zu einem glatten Teig verkneten. Sollte er kleben, ihn eine Zeit lang kalt stellen. Gut ⅔ des Teiges auf dem Boden einer Springform (Ø 28 cm, Boden gefettet) ausrollen. Unter den Rest des Teiges Weizenmehl kneten, zu einer Rolle formen. Die Rolle als Rand auf den Teigboden legen, so an die Form drücken, daß ein etwa 3 cm hoher Rand entsteht. Den Teigboden mehrmals mit einer Gabel einstechen.

Ober-/Unterhitze	200–220 °C (vorgeheizt)
Heißluft	180–200 °C (nicht vorgeheizt)
Gas	Stufe 3–4 (vorgeheizt)
Backzeit	etwa 10 Minuten.

Für die Füllung Quark mit Zucker, Zitronensaft, Speisestärke und Eigelb gut verrühren. Eiweiß steif schlagen. Schlagsahne steif schlagen. Beide Zutaten unter die Quarkmasse heben, gleichmäßig auf den vorgebackenen Boden streichen.
Für die Streusel Weizenmehl in eine Rührschüssel sieben. Zucker, Vanillin-Zucker und Butter hinzufügen. Mit Handrührgerät mit Knethaken zu Streuseln von gewünschter Größe verarbeiten, gleichmäßig auf der Füllung verteilen.

Ober-/Unterhitze	etwa 170 °C (vorgeheizt)
Heißluft	etwa 150 °C (nicht vorgeheizt)
Gas	Stufe 2–3 (nicht vorgeheizt)
Backzeit	etwa 60 Minuten.

Den Kuchen nach der Backzeit (Backofen ausschalten) noch 15 Minuten bei geöffneter Backofentür im Backofen stehen lassen.

Marmorkuchen

Für den Teig Butter oder Margarine mit Handrührgerät mit Rührbesen auf höchster Stufe geschmeidig rühren. Nach und nach Zucker, Vanillin-Zucker, Rum-Aroma und Salz unterrühren. So lange rühren, bis eine gebundene Masse entstanden ist. Eier nach und nach unterrühren (jedes Ei etwa ½ Minute). Mehl mit Backpulver mischen, sieben. Abwechselnd portionsweise mit der Milch auf mittlerer Stufe unterrühren (nur so viel Milch verwenden, daß der Teig schwerreißend von einem Löffel fällt). ⅔ des Teiges in eine Napfkuchenform (Ø 24 cm, gefettet) füllen. Kakao sieben, mit Zucker und Milch unter den Rest des Teiges rühren, so daß er wieder schwerreißend vom Löffel fällt. Den dunklen Teig auf dem hellen Teig verteilen, mit einer Gabel spiralförmig durch die Teigschichten ziehen, damit ein Marmormuster entsteht.

Ober-/Unterhitze	etwa 170 °C (vorgeheizt)
Heißluft	etwa 160 °C (nicht vorgeheizt)
Gas	Stufe 2–3 (nicht vorgeheizt)
Backzeit	50–65 Minuten.

Den erkalteten Kuchen mit Puderzucker bestäuben.

Für den Rührteig

300 g weiche Butter oder Margarine
275 g Zucker
1 Pck. Vanillin-Zucker
1 Fläschchen Rum-Aroma
1 Prise Salz
5 Eier
375 g Weizenmehl
4 gestr. TL Backpulver
etwa 3 EL Milch
20 g Kakao
20 g Zucker
2–3 EL Milch

Puderzucker

Marmorkuchen

Russischer Zupfkuchen

Für den Knetteig

375 g	Weizenmehl
30 g	Kakao
3 gestr. TL	Backpulver
200 g	Zucker
1 Pck.	Vanillin-Zucker
1	Ei
200 g	Butter oder Margarine

Für die Füllung

500 g	Magerquark
200 g	Zucker
1 Pck.	Vanillin-Zucker
3	Eier
1 Pck.	Pudding-Pulver Vanille-Geschmack
250 g	zerlassene, abgekühlte Butter oder Margarine

Für den Teig Mehl, Kakao und Backpulver mischen, in eine Rührschüssel sieben. Zucker, Vanillin-Zucker, Ei und Margarine oder Butter hinzufügen. Die Zutaten mit Handrührgerät mit Knethaken zunächst kurz auf niedrigster, dann auf höchster Stufe gut durcharbeiten. Anschließend auf der Arbeitsfläche zu einem glatten Teig verkneten, sollte er kleben, ihn eine Zeitlang kalt stellen. Die Hälfte des Teiges auf dem Boden einer Springform (Ø 28 cm, Boden gefettet) ausrollen.
Für die Füllung Quark, Zucker, Vanillin-Zucker, Eier, Pudding-Pulver, Butter oder Margarine zu einer einheitlichen Masse verrühren, in die Form geben, glattstreichen. Den restlichen Teig in kleine Stücke »zupfen«, auf die Füllung verteilen.

Ober-/Unterhitze	etwa 170 °C (vorgeheizt)
Heißluft	etwa 150 °C (nicht vorgeheizt)
Gas	Stufe 3–4 (nicht vorgeheizt)
Backzeit	60–70 Minuten.

Frankfurter Kranz

(Foto)

Für den Rührteig

100 g	Margarine oder Butter
150 g	Zucker
1 Pck.	Vanillin-Zucker
4 Tropfen	Zitronen-Aroma
oder	
½ Fläschchen	Rum-Aroma
1 Prise	Salz
3	Eier
150 g	Weizenmehl
50 g	Speisestärke
2 gestr. TL	Backpulver

Für die Buttercreme

1 Pck.	Pudding-Pulver Vanille-Geschmack
100 g	Zucker
500 ml (½ l)	Milch
250 g	Butter

Für den Krokant

1 Msp.	Butter
60 g	Zucker
125 g	abgezogene, gehackte Mandeln

rote Konfitüre

Kirschen oder
rote Konfitüre

Für den Teig Margarine oder Butter mit Handrührgerät mit Rührbesen auf höchster Stufe geschmeidig rühren. Nach und nach Zucker, Vanillin-Zucker, Zitronen-Aroma oder Rum-Aroma und Salz unterrühren. So lange rühren, bis eine gebundene Masse entstanden ist. Eier nach und nach unterrühren (jedes Ei etwa ½ Minute). Mehl mit Speisestärke und Backpulver mischen, sieben, portionsweise auf mittlerer Stufe unterrühren. Den Teig in eine Kranzform (Ø 20 cm, gefettet) füllen.

Ober-/Unterhitze	etwa 170 °C (vorgeheizt)
Heißluft	etwa 160 °C (nicht vorgeheizt)
Gas	Stufe 2–3 (nicht vorgeheizt)
Backzeit	35–45 Minuten.

Für die Buttercreme aus Pudding-Pulver mit Zucker und Milch nach Anleitung auf dem Päckchen (aber mit 100 g Zucker) einen Pudding zubereiten, kalt stellen, ab und zu durchrühren. Butter geschmeidig rühren, den Pudding eßlöffelweise darunter geben (darauf achten, daß weder Fett noch Pudding zu kalt sind, da dann die sogenannte Gerinnung eintritt).
Für den Krokant Butter, Zucker und Mandeln unter Rühren so lange erhitzen, bis der Krokant genügend gebräunt ist. Den Krokant auf ein Stück Alufolie geben, erkalten lassen.
Den Kranz zweimal durchschneiden, die untere Gebäcklage mit roter Konfitüre bestreichen. Die 3 Gebäcklagen mit Buttercreme zu einem Kranz zusammensetzen.
Den Kranz mit Creme bestreichen (etwas zurücklassen), mit Krokant bestreuen, mit zurückgelassener Creme verzieren. Mit Kirschen oder roter Konfitüre garnieren (das Gebäck am besten einen Tag vor dem Verzehr füllen).

Napfk

Für den Hefeteig

1 Pck.	Trockenhefe
1 TL	Zucker
200 ml	lauwarme Schlagsahne (Milch)
500 g	Weizenmehl
125 g	Zucker
1 Pck.	Bourbon Vanille-Zucker
	etwas abgeriebene Schale von
1	Zitrone (unbehandelt)
6 Tropfen	Bittermandel-Aroma
1 Prise	Salz
75 g	abgezogene, gemahlene Mandeln
3	Eier
200 g	zerlassene, abgekühlte Butter oder Margarine
125 g	Rosinen
50 g	feingehacktes Zitronat
	gemahlener Macis (Muskatblüte)
	Puderzucker zum Bestreuen

Berliner Napfkuchen

Trockenhefe mit Zucker und der Schlagsahne (Milch) in einem Schüsselchen sehr sorgfältig anrühren, etwa 15 Minuten bei Zimmertemperatur stehen lassen. Mehl in eine Rührschüssel sieben, in die Mitte eine Vertiefung eindrücken. Zucker, Vanille-Zucker, Zitronenschale, Bittermandel-Aroma, Salz, Mandeln, Eier und die Butter (Margarine) an den Rand des Mehls geben. Die angesetzte Hefe in die Vertiefung geben. Die Zutaten mit einem Handrührgerät mit Knethaken zunächst auf niedrigster, dann auf höchster Stufe in etwa 5 Minuten zu einem Teig verarbeiten.

Den Teig abgedeckt an einem warmen Ort so lange gehen lassen, bis er sich sichtbar vergrößert hat. Den Teig dann auf höchster Stufe nochmals kurz durchkneten. Die Rosinen verlesen und zusammen mit dem Zitronat kurz auf mittlerer Stufe unterkneten.

Den Teig in eine gefettete, mit gemahlenen Mandeln ausgestreute Napfkuchenform (Ø etwa 24 cm) füllen. Nochmals so lange an einem warmen Ort gehen lassen, bis er sich sichtbar vergrößert hat. Die Form auf dem Rost in den Backofen schieben.

Ober- und Unterhitze	180–200 °C (vorgeheizt)
Heißluft	160–170 °C (nicht vorgeheizt)
Gas	Stufe 2-3 (nicht vorgeheizt)
Backzeit	etwa 50 Minuten

Den Kuchen zum Servieren mit Puderzucker bestreuen.

Schwäbischer Gesundheitskuchen

Für den Teig Butter mit Handrührgerät mit Rührbesen geschmeidig rühren. Nach und nach Zucker, Vanillin-Zucker, Eier, Salz und Zitronenschale hinzufügen. Mehl, Speisestärke und das Backpulver mischen, sieben und abwechselnd portionsweise mit der Sahne unterrühren. Den Teig in eine Springform mit Rohrboden (Ø 28 cm, Boden gefettet) füllen.

Ober-/Unterhitze	180–200 °C (vorgeheizt)
Heißluft	160–170 °C (nicht vorgeheizt)
Gas	Stufe 3–4 (nicht vorgeheizt)
Backzeit	70–80 Minuten.

Den gestürzten, erkalteten Kuchen mit Puderzucker bestäuben.

Für den Rührteig

500 g	Butter
400 g	Zucker
1 Pck.	Vanillin-Zucker
8	Eier
1 Prise	Salz
2 TL	abgeriebene Zitronenschale (unbehandelt)
450 g	Weizenmehl
50 g	Speisestärke
3 gestr. TL	Backpulver
4 EL	Schlagsahne

Puderzucker zum Bestäub

Schwäbischer Träubleskuchen

(Foto)

Für den Knetteig

250 g	Weizenmehl
65 g	Zucker
1	Ei
	gemahlener Zimt
125 g	weiche Butter oder Margarine
1 EL	Weizenmehl

Für den Belag

750 g	rote Johannisbeeren

Für die Streusel

150 g	Weizenmehl
100 g	Zucker
1 Pck.	Vanillin-Zucker
100 g	weiche Butter

Für den Teig das Mehl in eine Rührschüssel sieben. Zucker, Ei, Zimt und Butter oder Margarine hinzufügen. Die Zutaten mit Handrührgerät mit Knethaken zunächst kurz auf niedrigster, dann auf höchster Stufe gut durcharbeiten. Anschließend auf der Arbeitsfläche zu einem glatten Teig verkneten. Etwa 30 Minuten kalt stellen. Den Teig auf dem Springformboden (Ø 28 cm, Boden gefettet) ausrollen, unter den restlichen Teig 1 Eßlöffel Mehl kneten, als Rand um den Boden legen und in die Form legen, dabei am Rand etwa 2 cm hochziehen.
Den Teig mehrmals mit einer Gabel einstechen. Die Form auf dem Rost in den Backofen schieben.

Ober-/Unterhitze	etwa 200 °C (vorgeheizt)
Heißluft	etwa 180 °C (nicht vorgeheizt)
Gas	Stufe 3–4 (nicht vorgeheizt)
Backzeit	etwa 15 Minuten.

Für den Belag die Johannisbeeren waschen, abtropfen lassen, verlesen, entstielen, auf dem Tortenboden verteilen.
Mehl in eine Rührschüssel sieben. Zucker, Zimt, Vanillin-Zucker und Butter hinzufügen. Mit Handrührgerät mit Knethaken zu Streuseln von gewünschter Größe verarbeiten. Gleichmäßig auf dem Belag verteilen. Die Form wieder in den Backofen schieben.

Ober-/Unterhitze	etwa 200 °C (vorgeheizt)
Heißluft	etwa 180 °C (vorgeheizt)
Gas	Stufe 3–4 (vorgeheizt)
Backzeit	20–25 Minuten.

Sollte die Tortenoberfläche zu braun werden, sie die letzten 10 Minuten der Backzeit mit Pergamentpapier abdecken.

Tip:
Den Träubleskuchen nach Belieben mit geschlagener, gesüßter Sahne servieren.

Kirschkuchen

Für den Teig Butter zerlassen, kalt stellen. In die wieder etwas festgewordene Butter nach und nach Zucker und Vanillin-Zucker geben. Mit Handrührgerät mit Rührbesen so lange rühren, bis Butter und Zucker weißschaumig geworden sind. Nach und nach Eier und Eigelb hinzugeben (jedes Eigelb etwa ½ Minute unterrühren). Weizenmehl sieben, portionsweise auf mittlerer Stufe unterrühren. Den Teig in eine Springform (Ø 28 cm, Boden gefettet) füllen.
Für den Belag Sauerkirschen waschen, entstielen, abtropfen lassen, entsteinen, gleichmäßig auf dem Teig verteilen.

Ober-/Unterhitze	170–200 °C (vorgeheizt)
Heißluft	etwa 160 °C (nicht vorgeheizt)
Gas	Stufe 3–4 (nicht vorgeheizt)
Backzeit	etwa 60 Minuten.

Für den Guß Ei mit Zucker, Schlagsahne und Kirschwasser verschlagen, etwa 15 Minuten vor Beendigung der Backzeit über die Kirschen verteilen.

Für den Rührteig

150 g Butter
150 g Zucker
1 Pck. Vanillin-Zucker
3 Eier
3 Eigelb
150 g Weizenmehl

Für den Belag

500 g Sauerkirschen

Für den Guß

1 Ei
50 g Zucker
125 ml (⅛ l) Schlagsahne
2 EL Kirschwasser

Kir

chkuchen

Kirsch-Mandel-Kuchen

Für den Teig Mehl mit Backpulver mischen, in eine Rührschüssel sieben. Zucker, Vanillin-Zucker, Eiweiß und Butter hinzufügen. Die Zutaten mit Handrührgerät mit Knethaken zunächst kurz auf niedrigster, dann auf höchster Stufe gut durcharbeiten. Anschließend auf der Arbeitsfläche zu einem glatten Teig verkneten, sollte er kleben, ihn eine Zeitlang kalt stellen. ⅔ des Teiges auf dem Boden einer Springform (Ø 28 cm, Boden gefettet) ausrollen. Den Rest des Teiges zu einer Rolle formen. Die Rolle als Rand auf den Boden legen, so an die Form drücken, daß der Rand 1–2 cm hoch wird. Den Teigboden mehrmals mit einer Gabel einstechen, mit Semmelbröseln bestreuen. Für den Belag Sauerkirschen gut abtropfen lassen, auf dem Teigboden verteilen. Eigelb mit Zucker, Vanillin-Zucker, Schlagsahne und Speisestärke verrühren. Mandeln unterrühren, die Masse auf den Kirschen verteilen, die Form auf dem Rost in den Backofen schieben.

Ober-/Unterhitze	170–200 °C (vorgeheizt)
Heißluft	etwa 160 (nicht vorgeheizt)
Gas	Stufe 3–4 (nicht vorgeheizt)
Backzeit	etwa 45 Minuten.

Für den Knetteig

150 g	Weizenmehl
½ gestr. TL	Backpulver
50 g	Zucker
1 Pck.	Vanillin-Zucker
1	Eiweiß
100 g	weiche Butter
1 geh. EL	Semmelbrösel

Für den Belag

500 g	entsteinte Sauerkirschen (aus dem Glas)
1	Eigelb
75 g	Zucker
1 Pck.	Vanillin-Zucker
3 EL	Schlagsahne
15 g	Speisestärke
100 g	abgezogene, gehobelte Mandeln

Streuselkuchen mit Kirschen

(Foto)

Für den Teig Mehl mit Backpulver mischen, sieben. Ei, Zucker, Butterschmalz oder Margarine hinzugeben. Die Zutaten mit Handrührgerät mit Knethaken zunächst kurz auf niedrigster, dann auf höchster Stufe gut durcharbeiten, anschließend auf der Arbeitsfläche zu einem glatten Teig verkneten, ihn evtl. eine Zeitlang kalt stellen. Den Teig auf auf dem Boden einer Springform (Ø 26 cm, Boden gefettet) ausrollen.

Ober-/Unterhitze	etwa 200 °C (vorgeheizt)
Heißluft	etwa 180 °C (nicht vorgeheizt)
Gas	etwa Stufe 4 (vorgeheizt)
Backzeit	etwa 15 Minuten.

Für den Belag Kirschen waschen, entstielen, entkernen. Kirschen auf den fertig gebackenen Boden legen.
Für die Streusel das Mehl in eine Rührschüssel sieben. Zucker, Butterschmalz und Zimt hinzugeben. Die Zutaten mit Handrührgerät mit Knethaken zu Streuseln von gewünschter Größe verarbeiten, gleichmäßig auf den Kirschen verteilen.

Ober-/Unterhitze	etwa 180 °C (vorgeheizt)
Heißluft	etwa 160 °C (nicht vorgeheizt)
Gas	etwa Stufe 3 (vorgeheizt)
Backzeit	25–30 Minuten.

Für den Knetteig

125 g	Weizenmehl
1 gestr. TL	Backpulver
1	Ei
50 g	Zucker
50 g	Butterschmalz oder Margarine
1 Pck.	Vanillin-Zucker

Für den Belag

750 g	süße Kirschen oder
1 Glas (370 g)	abgetropfte Kirschen

Für die Streusel

150 g	Weizenmehl
100 g	Zucker
100 g	Butterschmalz
1 gestr. TL	gemahlener Zimt

Marzipan-Rosenkuchen

Für die Füllung Mandeln mit Puderzucker, Bittermandel-Aroma, Eiweiß und Wasser unter ständigem Rühren so lange erwärmen, bis eine gleichmäßige Masse entstanden ist, etwas abkühlen lassen.
Für den Teig Quark, Milch, Ei, Speiseöl, Zucker, Vanillin-Zucker und Salz mit Handrührgerät mit Knethaken zuerst auf niedrigster, dann auf höchster Stufe verrühren. Weizenmehl mit Backpulver mischen, sieben. Die Hälfte davon auf mittlerer Stufe unterrühren, den Rest des Mehls unterkneten. Den Teig zu einem Rechteck von etwa 50 x 40 cm ausrollen. Die Füllung auf dem Teig verteilen. Rosinen und Korinthen über die Mandelmasse streuen. Den Teig von der längeren Seite her aufrollen. Die Rolle in 16 Stücke schneiden, diese in eine Springform (Ø 28 cm, gefettet) legen. Eigelb mit Milch verschlagen, den Teig damit bestreichen. Die Form auf dem Rost in den Backofen schieben.

Ober-/Unterhitze	170–200 °C (vorgeheizt)
Heißluft	160–180 °C (nicht vorgeheizt)
Gas	Stufe 3–4 (vorgeheizt)
Backzeit	50–65 Minuten.

Für die Füllung

200 g	abgezogene, gemahlene Mandeln
150 g	gesiebter Puderzucker
3 Tropfen	Bittermandel-Aroma
1	Eiweiß
4–5 EL	Wasser

Für den Quark-Öl-Teig

200 g	Magerquark
6 EL	Milch
1	Ei
125 ml (1/8 l)	Speiseöl
100 g	Zucker
1 Pck.	Vanillin-Zucker
1 Prise	Salz
400 g	Weizenmehl
1 Pck.	Backpulver
100 g	Rosinen
50 g	Korinthen
1	Eigelb
1 EL	Milch

Schichtkuchen

Für den Rührteig

250 g	weiche Margarine oder Butter
250 g	Zucker
1 Pck.	Vanillin-Zucker
2	Eier
4	Eigelb
4 EL	Rum
150 g	Weizenmehl
100 g	Speisestärke
3 gestr. TL	Backpulver
4	Eiweiß

Für den Guß

100 g	Schokolade
25 g	Kokosfett

Für den Teig Margarine oder Butter mit Handrührgerät mit Rührbesen auf höchster Stufe in etwa ½ Minute geschmeidig rühren. Nach und nach Zucker, Vanillin-Zucker, Eier, Eigelb und Rum unterrühren. Mehl, Speisestärke und Backpulver mischen, sieben, portionsweise auf mittlerer Stufe unterrühren. Eiweiß steif schlagen, zuletzt unter den Teig heben. Den gefetteten Boden einer Kastenform (35 x 11 cm) mit Papier auslegen, 1 gut gehäuften Eßlöffel Teig gleichmäßig mit einem Pinsel darauf streichen. Die Form auf dem Rost in den Backofen schieben (Abstand zwischen Grill und Teigschicht etwa 20 cm).
Die Teigschicht unter dem vorgeheizten Grill hellbraun backen.

Grillzeit etwa 2 Minuten

Als zweite Schicht wieder 1–2 Eßlöffel Teig auf die gebackene Schicht streichen. Die Form wieder unter den Grill schieben, auf diese Weise den ganzen Teig verarbeiten (die Einschubhöhe nach Möglichkeit so verändern, daß der Abstand von etwa 20 cm zwischen Grill und Teigschicht bestehen bleibt). Den fertigen Kuchen mit einem Messer vorsichtig vom Rand der Form lösen, auf ein Backblech stürzen, das Papier abziehen. Sofort noch etwa 5 Minuten in den heißen Backofen schieben.
Für den Guß Schokolade in kleine Stücke brechen, mit Kokosfett in einem kleinen Topf im Wasserbad bei schwacher Hitze zu einer geschmeidigen Masse verrühren. Den erkalteten Kuchen damit überziehen.

Schwäbischer Nußkranz

Für den Rührteig

100 g	Butter
40 g	Marzipan-Rohmasse
100 g	Zucker
1 Pck.	Vanillin-Zucker
1 Prise	Salz
2	Eier
60 g	Weizenmehl
60 g	Speisestärke
2 gestr. TL	Backpulver
70 g	gehäutete, feingemahlene, geröstete Haselnußkerne

Zum Ausfetten und Ausstreuen der Form

40 g	weiche Butter
100 g	grob gehackte, geröstete Haselnußkerne

Für den Teig Butter und Marzipan-Rohmasse mit Handrührgerät mit Rührbesen geschmeidig rühren. Zucker, Vanillin-Zucker, Salz und Eier (jedes Ei ½ Minute) unterrühren. Mehl, Speisestärke und das Backpulver mischen, sieben, portionsweise unterrühren. Zum Schluß die feingemahlenen, gerösteten Haselnußkerne vorsichtig unter die Masse heben. Eine Kranzform (Ø 20 cm, gefettet) mit den grob gehackten, gerösteten Haselnußkernen ausstreuen. Den Teig in die Form füllen.

Ober-/Unterhitze	etwa 180 °C (vorgeheizt)
Heißluft	etwa 160 °C (nicht vorgeheizt)
Gas	etwa Stufe 3 (nicht vorgeheizt)
Backzeit	etwa 45 Minuten.

Torten

Für den Teig

125 g	Schwarz- oder Graubrot
2 EL	Rum
4	Eigelb
2	Eier
200 g	Zucker
125 g	abgezogene, gemahlene Mandeln
60 g	gehacktes Zitronat
50 g	Korinthen
1 TL	gemahlener Zimt
1	Msp. gemahlener Macis (Muskatblüte)
1	Msp. gemahlene Nelken
	etwas abgeriebene Schale von
1	Zitrone (unbehandelt)
4	Eiweiß
125 ml (1/8 l)	Rotwein
1 EL	Zucker
2 EL	Johannisbeergelee

Für den Zuckerguß

150 g	Puderzucker
1 EL	Rum
2 EL	heißes Wasser

Schwäbische Brottorte

Das Brot zerbröseln (oder in einem Mixbecher fein zerkleinern) und in einer Pfanne unter ständigem Rühren rösten. Die Brotbrösel anschließend mit dem Rum beträufeln. Eigelb, Eier und Zucker mit Handrührgerät mit Rührbesen sehr schaumig schlagen (etwa 2–3 Minuten). Mandeln, Zitronat, Korinthen, Gewürze, Zitronenschale und das vorbereitete Brot hinzufügen. Eiweiß steif schlagen und vorsichtig unter den Teig heben. Den Teig in eine mit Backpapier ausgelegte Springform füllen und die Form auf dem Rost in den Backofen schieben.

Ober- /Unterhitze	150–160 °C (vorgeheizt)
Heißluft	120–130 °C (nicht vorgeheizt)
Gas	Stufe 2–3 (nicht vorgeheizt)
Backzeit	etwa 60 Minuten.

Rotwein und Zucker erwärmen. Die Brottorte nach dem Backen aus der Springform nehmen und noch warm mit der Rotweinmischung beträufeln. Nach dem Erkalten die Torte dünn mit dem erwärmten, glattgerührten Johannisbeergelee bestreichen. Puderzucker, Rum und heißes Wasser zu einer glatten Glasur verrühren und die Torte damit überziehen.

Tip:

Die Torte muß mindestens zwei Tage gut durchziehen.

Für den Rührteig

250 g	Butter oder Margarine
250 g	Zucker
1 Pck.	Vanillin-Zucker
4	Eier
½ Fläschchen	Rum-Aroma
250 g	Weizenmehl
1 ½ gestr. TL	Backpulver
125 g	geriebene zartbittere Schokolade
100 g	abgezogene, gemahlene Mandeln
50 g	feingewürfeltes Zitronat
	Puderzucker

Anna-Torte

Für den Teig Butter oder Margarine mit Handrührgerät mit Rührbesen auf höchster Stufe in etwa ½ Minute geschmeidig rühren. Nach und nach Zucker und Vanillin-Zucker unterrühren. So lange rühren, bis eine gebundene Masse entstanden ist. Eier, Rum-Aroma nach und nach unterrühren (jedes Ei etwa ½ Minute). Mehl mit Backpulver mischen, sieben, portionsweise auf mittlerer Stufe unterrühren. Schokolade mit Mandeln und Zitronat mischen, unterrühren. Den Teig in eine Springform (Ø 28 cm, Boden gefettet) füllen.

Ober-/Unterhitze	170–200 °C (vorgeheizt)
Heißluft	160–180 °C (nicht vorgeheizt)
Gas	Stufe 3–4 (nicht vorgeheizt)
Backzeit	etwa 1 Stunde.

Das erkaltete Gebäck mit Puderzucker bestäuben.

Möhrentorte

Für den Teig Eigelb mit Zitronensaft und der Zitronenschale mit Handrührgerät mit Rührbesen auf höchster Stufe dickcremig schlagen. Den Zucker nach und nach einstreuen und noch etwa 2 Minuten weiterschlagen. Kirschwasser, Zimt und Salz hinzufügen und unterschlagen. Das Eiweiß steif schlagen, nach und nach unter die Eiercreme ziehen, dann die Mandeln und die Möhren unterrühren. Die Speisestärke über die Teigmasse sieben, kurz auf niedrigster Stufe unterrühren. Den Teig in eine Springform (Ø 28 cm, Boden gefettet) füllen, glattstreichen. Die Form auf dem Rost in den Backofen schieben.

Für den Biskuitteig

6	Eigelb
2 EL	Zitronensaft
etwas	abgeriebene Schale von
1	Zitrone (unbehandelt)
300 g	Zucker
3 EL	Kirschwasser
1 gestr. TL	gemahlener Zimt
1 Prise	Salz
6	Eiweiß
400 g	abgezogene, gemahlene Mandeln
500 g	geriebene, ausgedrückte Möhren
65 g	Speisestärke

Puderzucker zum Bestäuben
evtl. Marzipanmöhren

Ober-/Unterhitze	170–200°C (vorgeheizt)
Heißluft	150–160°C (nicht vorgeheizt)
Gas	Stufe 3–4 (nicht vorgeheizt)
Backzeit	55–60 Minuten.

Die Torte mit Puderzucker bestäuben und nach Belieben mit Marzipanmöhren garnieren.

Hamelner Torte

Für den Teig Marzipan-Rohmasse, Butter, Eigelb, Zucker, Vanillin-Zucker und die Gewürze in eine Rührschüssel geben und mit Handrührgerät mit Rührbesen zu einer cremigen Masse verrühren. Das Eiweiß mit Handrührgerät mit Rührbesen auf höchster Stufe steif schlagen und nach und nach den Zucker unterschlagen. Den Eischnee auf die Marzipan-Eigelbmasse geben. Darauf den Ingwer streuen. Mehl, Kakao und das Backpulver mischen und darübersieben. Alles vorsichtig miteinander vermengen. Den Teig in eine Springform (Ø 26 cm, Boden gefettet) füllen und sofort backen.

Ober-/Unterhitze	etwa 170 °C (vorgeheizt)
Heißluft	etwa 160 °C (nicht vorgeheizt)
Gas	etwa Stufe 3 (nicht vorgeheizt)
Backzeit	etwa 20 Minuten.

Das ausgekühlte Gebäck einmal durchschneiden. Für die Füllung die Konfitüre mit dem Himbeergeist verrühren und auf den unteren Boden streichen. Den oberen Boden darauf legen. Für den Guß die Kuvertüre und etwas Kokosfett in einem kleinen Topf im Wasserbad bei schwacher Hitze zu einer geschmeidigen Masse verrühren.
Das Gebäck damit überziehen.

Für den Teig

100 g	Marzipan-Rohmasse
80 g	Butter
7	Eigelb
80 g	Zucker
1 Pck.	Vanillin-Zucker
1 Prise	Salz
etwas	abgeriebene Schale von
1	Zitrone (unbehandelt)
¼ TL	gemahlener Zimt
7	Eiweiß
100 g	Zucker
100 g	gehackter Ingwer (aus dem Glas)
80 g	Weizenmehl
40 g	Kakao
1 gestr. TL	Backpulver

Für die Füllung

3 EL	Himbeerkonfitüre
gut 1 EL	Himbeergeist

Für den Guß

100 g	Halbbitterkuvertüre
25 g	Kokosfett

Linzer Torte

(Foto)

Für den Teig Mehl mit Backpulver mischen, in eine Rührschüssel sieben. Zucker, Vanillin-Zucker, Bittermandel-Aroma, Nelken, Zimt, Salz, Eigelb, Eiweiß, Butter und Mandeln hinzufügen. Die Zutaten mit Handrührgerät mit Knethaken zunächst kurz auf niedrigster, dann auf höchster Stufe gut durcharbeiten. Anschließend auf der Arbeitsfläche zu einem glatten Teig verkneten. Knapp die Hälfte des Teiges zu einer Platte in der Größe der Springform (Ø 28 cm) ausrollen. 16–20 Streifen daraus rädern. Den übrigen Teig auf dem gefetteten Springformboden ausrollen, mit Himbeerkonfitüre bestreichen, dabei am Rand etwa 1 cm Teig frei lassen.
Die Teigstreifen gitterförmig über die Konfitüre legen Eigelb mit Milch verschlagen, die Teigstreifen damit bestreichen.

Ober-/Unterhitze	etwa 170 °C (vorgeheizt)
Heißluft	etwa 150 °C (nicht vorgeheizt)
Gas	Stufe 3–4 (vorgeheizt)
Backzeit	25–30 Minuten.

Für den Knetteig

200 g	Weizenmehl
1 gestr. TL	Backpulver
125 g	Zucker
1 Pck.	Vanillin-Zucker
2 Tropfen	Bittermandel-Aroma
1 Msp.	gemahlene Nelken
1 gestr. TL	gemahlener Zimt
1 Prise	Salz
1	Eigelb
2	Eiweiß
125 g	weiche Butter oder Margarine
125 g	nicht abgezogene, gemahlene Mandeln
100 g	Himbeerkonfitüre
1	Eigelb
1 TL	Milch

Französische Maronentorte

Für den Rührteig

200 g	Weizenmehl
3 schwach gehäufte EL	Speisestärke
1 gestr. TL	Backpulver
175 g	Zucker
3	Eier
175 g	weiche Butter oder Margarine

Für die Füllung

250 g	weiche Butter
100 g	gesiebter Puderzucker
2 Pck.	Vanillin-Zucker
3	Eier
etwa 450 g	Maronenpüree (Kastanien, aus der Dose)
1 Pck.	Sahnesteif
25 g	zerlassenes Kokosfett
40 g	Schokoladenstreusel

Für die Tortenböden auf 5 Bogen Backpapier Kreise (Ø etwa 24 cm) aufzeichnen, das Papier auf 4 Backbleche legen (Fettpfanne mitbenutzen, die 5 Böden backen).
Für den Teig Mehl mit Speisestärke und Backpulver mischen, in eine Rührschüssel sieben. Zucker, Eier und Butter hinzufügen.
Alle Zutaten mit Handrührgerät mit Rührbesen zuerst auf der niedrigsten, dann auf der höchsten Stufe in etwa 3 Minuten zu einem glatten Teig verrühren. Den Teig gleichmäßig auf die vorgezeichneten Kreise verteilen, glattstreichen. Die Backbleche in den Backofen schieben.

Ober-/Unterhitze	160–180 °C (vorgeheizt)
Heißluft	140–160 °C (nicht vorgeheizt)
Gas	Stufe 2–3 (vorgeheizt)
Backzeit	etwa 15 Minuten.

Das Backpapier vorsichtig von den Böden abziehen, die Böden erkalten lassen.
Für die Füllung Butter schaumig schlagen, nach und nach Puderzucker, Vanillin-Zucker und Eier hinzufügen. Maronenpüree portionsweise unterrühren. Sahnesteif hinzufügen, zum Schluß Kokosfett unterrühren.
Die Tortenböden mit der Maronen-Buttercreme bestreichen, zu einer Torte zusammensetzen.
Den Rand und die obere Seite der Torte ganz mit der Creme bestreichen. Den Rand der Torte mit Schokoladenstreuseln bestreuen.
Die Torte gekühlt servieren.

Aprikosen-Mandel-Torte

Für den Teig Mehl und Backpulver mischen, in eine Rührschüssel sieben. Zucker, Vanillin-Zucker, Weißwein und Butter hinzufügen. Die Zutaten mit Handrührgerät mit Knetkaken zunächst kurz auf niedrigster, dann auf höchster Stufe gut durcharbeiten. Anschließend auf der Arbeitsfläche zu einem glatten Teig verkneten. Sollte er kleben, ihn eine Zeitlang kalt stellen.
Knapp ⅔ des Teiges auf dem Boden einer Springform (Ø 28 cm, Boden gefettet) ausrollen. Den Springfromrand darum stellen, aus dem restlichen Teig eine Rolle formen. Sie als Rand auf den Teigboden legen, so an die Form drücken, so daß ein 2–3 cm hoher Rand entsteht. Den Teigboden mehrmals mit einer Gabel einstechen.
Für den Belag Mandeln mit Zucker, Ei, Sahne zu einer geschmeidigen Masse verrühren, auf den Teigboden streichen. Aprikosen abtropfen lassen, mit der Innenseite nach oben auf dem Teig verteilen, in die Vertiefung jeder Aprikose jeweils eine halbierte Mandel legen. Die Form auf dem Rost in den Backofen schieben.

Ober-/Unterhitze	etwa 170 °C (vorgeheizt)
Heißluft	etwa 150 °C (nicht vorgeheizt)
Gas	etwa Stufe 3 (vorgeheizt)
Backzeit	etwa 45 Minuten.

Für den Knetteig

175 g Weizenmehl
1 Msp. Backpulver
25 g Zucker
1 Pck. Vanillin-Zucker
2 EL Weißwein
125 g weiche Butter

Für den Belag

100 g abgezogene, gemahlene Mandeln
100 g Zucker
1 Ei
100 ml Schlagsahne
500 g Aprikosen
(aus der Dose)
abgezogene, halbierte Mandeln

Johannisbeer-Torte

Für den Biskuitteig

3	Eigelb
125 g	Zucker
1 Pck.	Vanillin-Zucker
3	Eiweiß
100 g	Weizenmehl
50 g	Speisestärke
20 g	Kakao
2 gestr. TL	Backpulver
50 g	aufgelöste, abgekühlte Butter

Für die Johannisbeercreme

250 g	schwarze Johannisbeeren
200 g	kaltes Wasser
100 g	Zucker
1 Pck.	Vanillin-Zucker
50 g	Pudding-Pulver Vanille-Geschmack
300 g	weiches Butterschmalz
2 EL	Zitronensaft

Zum Garnieren:

Johannisbeer-Rispen

Für den Teig das Eigelb 1 Minute mit Handrührgerät mit Rührbesen schaumig schlagen. Zucker und Vanillin-Zucker in 1 Minute einstreuen, etwa 2 Minuten weiterschlagen.
Das Eiweiß steif schlagen und auf die Eicreme geben. Mehl, Speisestärke, Kakao und Backpulver mischen, auf den Eischnee sieben, vorsichtig unterheben. Die aufgelöste Butter unterziehen. Den Teig in eine Springform (Ø 26 cm, Boden mit Backpapier belegt) füllen, glattstreichen.

Ober-/Unterhitze	etwa 180 °C (vorgeheizt)
Heißluft	etwa 160 °C (nicht vorgeheizt)
Gas	etwa Stufe 4 (vorgeheizt)
Backzeit	etwa 25 Minuten.

Für die Creme Johannisbeeren waschen, entstielen. Von dem Wasser 4 Eßlöffel beiseite stellen. Das restliche Wasser mit Johannisbeeren, Zucker und Vanillin-Zucker aufkochen und pürieren. Pudding-Pulver und das beiseite gestellte Wasser verrühren, unter das Püree schlagen, einmal aufkochen lassen. Butterschmalz schaumig rühren, die abgekühlte Fruchtcreme nach und nach dazugeben. Die Creme mit Zitronensaft abschmecken und weiterschlagen, bis die Creme schaumig ist. Den Tortenboden waagerecht halbieren, mit ⅓ der Creme füllen. Den zweiten Boden daraufsetzen und mit der restlichen Creme die Torte bestreichen. Die Torte etwa 3 Stunden kalt stellen, mit Johannisbeer-Rispen garnieren.

Herbe Orangentorte

Für den Biskuitteig

3	Eier
2–3 EL	heißes Wasser
125 g	Zucker
1 Pck.	Vanillin-Zucker
75 g	Weizenmehl
1 Pck.	Pudding-Pulver Schokolade
10 g	Kakao
1 gestr. TL	Backpulver
4–5 EL	Orangensaft

Für die Füllung

500 ml (½ l)	Schlagsahne
5 EL	Orangensaft
50 g	Zucker
1 Pck.	Vanillin-Zucker
3 Pck.	Sahnesteif
200 g	bittere Orangenmarmelade
	Orangenstückchen

Für den Teig Eier und Wasser mit Handrührgerät mit Rührbesen auf höchster Stufe in 1 Minute schaumig schlagen. Zucker mit Vanillin-Zucker mischen, in 1 Minute einstreuen, dann noch etwa 2 Minuten schlagen.

Mehl mit Pudding-Pulver, Kakao und Backpulver mischen. Die Hälfte davon auf die Eiercreme sieben, kurz auf niedrigster Stufe unterrühren. Den Rest des Mehlgemisches auf dieselbe Weise unterarbeiten. Den Teig in eine Springform (Ø 28 cm, Boden gefettet, mit Backpapier belegt) füllen, sofort backen.

Ober-/Unterhitze	170–200 °C (vorgeheizt)
Heißluft	–
Gas	Stufe 3–4 (nicht vorgeheizt)
Backzeit	20–30 Minuten.

Den Tortenboden gut auskühlen lassen, einmal durchschneiden. Die Schnittflächen mit Orangensaft beträufeln.

Für die Füllung Schlagsahne mit Orangensaft ½ Minute schlagen. Zucker mit Vanillin-Zucker und Sahnesteif mischen. Unter ständigem Schlagen einstreuen. Die Sahne steif schlagen. Die Hälfte der Sahne in einen Spritzbeutel mit großer Tülle füllen, mit ⅔ der Sahne aus dem Spritzbeutel eine dicke Spirale mit 1 cm Linienabstand auf den unteren Biskuitboden spritzen. In die Zwischenräume Orangenmarmelade füllen. Den oberen Boden darauf setzen, leicht andrücken. Rand und obere Seite der Torte mit der restlichen Sahne bestreichen. Die obere Seite mit der Sahne aus dem Spritzbeutel verzieren, mit Orangenstückchen garnieren.

Rheinische Apfeltorte

(Foto)

Für den Hefeteig

250 g	Weizenmehl
1 Pck.	Trockenhefe
50 g	Zucker
1 Prise	Salz
1	Ei
knapp 125 ml	
(⅛ l)	Milch
40 g	zerlassene, abgekühlte Butter
1 großes Glas	Apfelmus (700 g) als Belag

Zum Bestreichen und Bestreuen

1	Eigelb
1 EL	Milch
	Hagelzucker

Für den Teig das Mehl in eine Rührschüssel sieben und sorgfältig mit der Hefe vermischen. Zucker, Salz, Ei, Milch und Butter hinzufügen. Die Zutaten mit Handrührgerät mit Knethaken zunächst kurz auf niedrigster, dann auf höchster Stufe in etwa 5 Minuten zu einem Teig verarbeiten. Den Teig abgedeckt so lange an einem warmen Ort gehen lassen, bis er sich sichtbar vergrößert hat.

Den Teig aus der Schüssel nehmen und auf der Arbeitsfläche nochmals kurz durchkneten, sollte er kleben, etwas Mehl unterkneten. ⅔ des Teiges auf einem Springformboden (Ø 26 cm, Boden gefettet) ausrollen, den Springformrand darumlegen, schließen und den Teig etwa 2 cm am Rand hochziehen (Springformrand nicht fetten). Das Apfelmus auf den Teig streichen. Den restlichen Teig in Größe der Springform rund ausrollen, Streifen ausradeln und diese gitterförmig über das Apfelmus legen. Die Streifen mit verquirlter Eigelbmilch bestreichen und mit Hagelzucker bestreuen. Den Teig nochmals etwa 20 Minuten gehen lassen. Die Form auf dem Rost in den Backofen schieben.

Ober-/Unterhitze	etwa 200 °C (vorgeheizt)
Heißluft	etwa 170 °C (nicht vorgeheizt)
Gas	Stufe 4–5 (vorgeheizt)
Backzeit	etwa 20 Minuten.

Obsttörtchen
(12–14 Stück)

Für den Teig Mehl mit Backpulver mischen, in eine Rührschüssel sieben. Zucker, Vanillin-Zucker, Salz, Zitronen-Aroma, Wasser und Margarine oder Butter hinzufügen. Die Zutaten mit Handrührgerät mit Knethaken zunächst kurz auf niedrigster, dann auf höchster Stufe gut durcharbeiten. Anschließend auf der Arbeitsfläche zu einem glatten Teig verkneten. Sollte er kleben, ihn eine Zeitlang kalt stellen. Den Teig dünn ausrollen, mit einer runden Form (Ø 10 cm) ausstechen, in gut gefettete Tortelett-Förmchen (Ø 10 cm) geben. Mehrmals mit einer Gabel einstechen, auf dem Rost in den Backofen schieben.

Ober-/Unterhitze	170–200 °C (vorgeheizt)
Heißluft	150–170 °C (nicht vorgeheizt)
Gas	Stufe 3–4 (vorgeheizt)
Backzeit	10–15 Minuten.

Die Törtchen sofort nach dem Backen aus den Förmchen lösen, erkalten lassen. Gleichmäßig mit Sahnesteif bestreuen, um zu verhindern, daß die mit Obst belegten Törtchen durchweichen.

Für den Belag Obst waschen (Himbeeren nur verlesen), gut abtropfen lassen, entstielen oder verlesen. Mit Zucker bestreuen, kurze Zeit stehen lassen.

Für den Guß Tortenguß mit Zucker und Wasser oder Fruchtsaft nach Anleitung auf dem Päckchen zubereiten, über das Obst verteilen. Schlagsahne ½ Minute schlagen. Sahnesteif mit Vanillin-Zucker mischen, einstreuen, die Sahne steif schlagen. Die Törtchen am Rand damit verzieren.

Für den Knetteig

200 g	Weizenmehl
1 gestr. TL	Backpulver
75 g	Zucker
1 Pck.	Vanillin-Zucker
1 Prise	Salz
4 Tropfen	Zitronen-Aroma
2 EL	Wasser
100 g	weiche Margarine oder Butter

Für den Belag

500–750 g	rohes Obst (z.B. Erdbeeren, Himbeeren, Heidelbeeren, Weintrauben)
	Zucker

Für den Guß

1 Pck.	Tortenguß
	Zucker nach Angabe auf dem Tortenguß-Päckchen
250 ml (¼ l)	Wasser oder Fruchtsaft
250 ml (¼ l)	Schlagsahne
1 Pck.	Sahnesteif
1 Pck.	Vanillin-Zucker

Für den Biskuitteig

3	Eier
3–4 EL	heißes Wasser
150 g	Zucker
1 Pck.	Vanillin-Zucker
100 g	Weizenmehl
100 g	Speisestärke
3 gestr. TL	Backpulver
oder	
4	Eier
2 EL	heißes Wasser
150 g	Zucker
1 Pck.	Vanillin-Zucker
100 g	Weizenmehl
100 g	Speisestärke
2 gestr. TL	Backpulver

Für die Schokoladen-Buttercreme

1 Pck.	Pudding-Pulver Schokoladen-Pudding
25 g	Zucker
500 ml (½ l)	Milch
100 g	Zartbitter-Schokolade

Für die helle Buttercreme

1 Pck.	Pudding-Pulver Vanille-, Mandel-, Sahne- oder Karamel-Geschmack
75–100 g	Zucker
500 ml (½ l)	Milch

Für die Mokka-Buttercreme

1 Pck.	Pudding-Pulver Schokoladen-Pudding
75–100 g	Zucker
1 EL	Instant-Kaffee
500 ml (½ l)	Milch
250 g	Butter
	Schokoladen-Streusel oder abgezogene, gehobelte, gebräunte Mandeln

Buttercre

Buttercreme-Torte

Für den Teig Eier und Wasser mit Handrührgerät mit Rührbesen auf höchster Stufe in 1 Minute schaumig schlagen. Zucker und Vanillin-Zucker mischen, in 1 Minute einstreuen, dann noch etwa 2 Minuten schlagen.
Mehl mit Speisestärke und Backpulver mischen. Die Hälfte davon auf die Eiercreme sieben, kurz auf niedrigster Stufe unterrühren. Den Rest des Mehlgemisches auf dieselbe Weise unterarbeiten. Oder Eier mit Wasser mit Handrührgerät mit Rührbesen auf höchster Stufe in 1 Minute schaumig schlagen. Zucker mit Vanillin-Zucker mischen, in 1 Minute einstreuen, dann noch etwa 2 Minuten schlagen. Weizenmehl mit Speisestärke und Backpulver mischen.
Die Hälfte davon auf die Eiercreme sieben. Den Rest des Mehlgemisches auf dieselbe Weise unterarbeiten.
Den Teig in eine Springform (Ø 28 cm, Boden gefettet, mit Backpapier belegt) füllen, die Form auf dem Rost in den Backofen schieben.

Ober-/Unterhitze	170–200 °C (vorgeheizt)
Heißluft	–
Gas	Stufe 3–4 (vorgeheizt)
Backzeit	20–30 Minuten.

Den Tortenboden aus der Form lösen, erkalten lassen.

Für die Schokoladen-Buttercreme aus Pudding-Pulver, Zucker und Milch nach Vorschrift auf dem Päckchen (aber nur mit 25 g Zucker) einen Pudding zubereiten. Schokolade in kleine Stücke brechen, in den heißen Pudding geben, so lange rühren, bis sie gelöst ist. Den Pudding kalt stellen, ab und zu durchrühren.
Für die helle Buttercreme aus Pudding-Pulver, Zucker und Milch nach Vorschrift auf dem Päckchen (aber mit 75–100 g Zucker) einen Pudding zubereiten, kalt stellen, ab und zu durchrühren.
Für die Mokka-Buttercreme aus Pudding-Pulver, Zucker, Instant-Kaffee und Milch nach Vorschrift auf dem Päckchen (aber mit 75–100 g Zucker) einen Pudding zubereiten, kalt stellen, ab und zu durchrühren.
Butter geschmeidig rühren, den erkalteten Pudding eßlöffelweise darunter geben (darauf achten, daß weder Butter noch Pudding zu kalt sind, da dann die sogenannte Gerinnung eintritt).
Den Tortenboden zweimal durchschneiden, den unteren Boden (nach Belieben den Boden zunächst mit 2–3 Eßlöffeln Konfitüre bestreichen, mit gut ¼ der Buttercreme bestreichen. Den zweiten darauf legen, mit knapp der Hälfte der restlichen Creme bestreichen mit dem dritten Boden bedecken. Rand und obere Seite der Torte dünn und gleichmäßig mit etwas von der zurückgelassenen Creme bestreichen, den Rand der Torte mit Schokoladen-Streuseln oder abgezogenen, gehobelten, gebräunten Mandeln bestreuen. Die Torte mit der restlichen Creme verzieren, nach Belieben garnieren.

Für die Garnitur

250 ml (¼ l)	Schlagsahne
200 g	Marzipan-Rohmasse
	Puderzucker
1 Pck.	Schokoladenglasur
	Zitronenscheiben (unbehandelt)

Für die Füllung

4	Eier
150 g	Butterschmalz oder Margarine
150 g	Zucker
	Saft von
5	Zitronen

Für den Rührteig

200 g	Butterschmalz oder Margarine
200 g	Zucker
	abgeriebene Schale
1	Zitrone (unbehandelt)
4	Eier
200 g	Weizenmehl
1 TL	Backpulver

Zitronen-Marzipan-Torte

Für den Teig Butterschmalz oder Margarine mit Handrührgerät mit Rührbesen auf höchster Stufe geschmeidig rühren. Nach und nach Zucker und Zitronenschale unterrühren, so lange rühren, bis eine gebundene Masse entstanden ist. Die Eier nach und nach unterrühren (jedes Ei etwa ½ Minute). Mehl mit Backpulver mischen, sieben, portionsweise auf mittlerer Stufe unterrühren. Den Teig in eine Springform (Ø 26 cm, gefettet, mit Backpapier belegt) füllen, glattstreichen.

Ober-/Unterhitze	etwa 180 °C (vorgeheizt)
Heißluft	etwa 160 °C (nicht vorgeheizt)
Gas	Stufe 3–4 (vorgeheizt)
Backzeit	etwa 35 Minuten

Den Boden abkühlen lassen, zweimal waagerecht durchschneiden.
Für die Füllung Eier, Butterschmalz oder Margarine, Zucker und Zitronensaft in einen Topf geben, unter ständigem Schlagen erhitzen. Einmal kurz aufkochen, dann völlig abkühlen lassen.
Mit dieser Masse den Kuchen füllen und rundherum bestreichen.
Für die Garnitur Sahne mit Handrührgerät mit Rührbesen steif schlagen, davon 3 Eßlöffel in einen Spritzbeutel mit Sterntülle füllen. Die Tortenoberfläche mit der restlichen Sahne bestreichen.
Marzipan-Rohmasse mit etwas Puderzucker verkneten und ausrollen. Einen Kreis von Ø 26 cm ausschneiden.
Die aufgelöste Schokoladenglasur darauf verteilen, erstarren lassen, in 16 Stücke teilen. Die Torte ebenfalls in 16 Stücke teilen, auf jedes Stück einen Sahnetuff spritzen, ein Marzipan-Schokoladen-Dreieck schräg daran stellen.
Nach Belieben mit Zitronenscheiben verzieren.

Zitronen-Creme-Torte

Für den Biskuitteig

2	Eier
2 EL	heißes Wasser
100 g	Zucker
1 Pck.	Vanillin-Zucker
einige Tropfen	Zitronen-Aroma
100 g	Weizenmehl
1 gestr. TL	Backpulver

Für die Füllung

1 Pck.	Götterspeise Zitrone-Geschmack
150 g	Zucker
250 ml (¼ l)	Wasser
1–2 EL	Zitronensaft
	Aprikosenkonfitüre
375–500 ml (⅜–½ l)	Schlagsahne

Für den Teig Eier und Wasser mit Handrührgerät mit Rührbesen auf höchster Stufe in 1 Minute schaumig schlagen. Zucker mit Vanillin-Zucker, Zitronen-Aroma mischen, in 1 Minute einstreuen, dann noch etwa 2 Minuten schlagen.
Mehl mit Backpulver mischen. Die Hälfte davon auf die Eiercreme sieben, kurz auf niedrigster Stufe unterrühren. Den Rest des Mehlgemisches auf dieselbe Weise unterarbeiten. Den Teig in eine Springform (Ø etwa 28 cm, Boden gefettet, mit Backpapier belegt) füllen, sofort backen.

Ober-/Unterhitze	170–200 °C (vorgeheizt)
Heißluft	–
Gas	Stufe 3–4 (nicht vorgeheizt)
Backzeit	etwa 15 Minuten.

Den Tortenboden gut auskühlen lassen.
Für die Füllung aus 1 Päckchen Götterspeise, Zucker und Wasser nach der Vorschrift auf dem Päckchen (aber nur mit ¼ l Wasser) eine Speise zubereiten. Zitronensaft unterrühren, erkalten lassen.
Den Tortenboden dünn mit Aprikosenkonfitüre bestreichen, auf eine Tortenplatte legen, den mit einem Backpapierstreifen ausgelegten Springformrand darumlegen, schließen. Schlagsahne steif schlagen, 2–3 Eßlöffel davon in einen Spritzbeutel füllen. Sobald die Speise anfängt dicklich zu werden, die übrige Sahne unterheben. Die Creme auf den Biskuitboden füllen, glattstreichen, kalt stellen. Nach etwa 1 Stunde die Torte mit einem Messer vom Springformrand lösen, abnehmen. Die Torte mit der Sahne aus dem Spritzbeutel verzieren.

Englische Mokkatorte

Für den Teig Butter mit Handrührgerät mit Rührbesen auf höchster Stufe in etwa ½ Minute geschmeidig rühren. Nach und nach Zucker, Vanillin-Zucker, Zartbitter-Schokolade und Salz unterrühren. So lange rühren, bis eine gebundene Masse entstanden ist. Eier nach und nach unterrühren (jedes Ei etwa ½ Minute). Mehl mit Speisestärke und Backpulver mischen, sieben. Auf mittlerer Stufe portionsweise mit Haselnußkernen unterrühren.
Den Teig in eine Springform (Ø 28 cm, Boden gefettet, mit Backpapier belegt) füllen, glattstreichen. Die Form auf dem Rost in den Backofen schieben.

Ober-/Unterhitze	etwa 180 °C (vorgeheizt)
Heißluft	etwa 160 °C (nicht vorgeheizt)
Gas	Stufe 3–4 (vorgeheizt)
Backzeit	etwa 45 Minuten.

Den Tortenboden auf einen Kuchenrost stürzen, das Backpapier abziehen. Den erkalteten Tortenboden zweimal durchschneiden.
Für die Füllung aus Pudding-Pulver, Milch und Zucker nach der Vorschrift auf dem Päckchen einen Pudding zubereiten. Kaffeepulver unter den heißen Pudding rühren. Den Pudding erkalten lassen, ab und zu durchrühren. Butter geschmeidig rühren, den Pudding eßlöffelweise unterrühren. Schokolade in kleine Stücke schneiden, unter eine Hälfte der Mokka-Buttercreme rühren.
Den unteren und den mittleren Tortenboden mit dieser Creme bestreichen. Die 3 Böden zu einer Torte zusammensetzen. Tortenoberfläche und Rand mit der Hälfte der restlichen Creme bestreichen. Die zurückgelassene Creme in einen Spritzbeutel mit Sterntülle füllen, die Tortenoberfläche damit verzieren, mit hellen Mokkabohnen garnieren.

Für den Rührteig

200 g Butter
150 g Zucker
1 Pck. Vanillin-Zucker
200 g aufgelöste Zartbitter-Schokolade
1 Prise Salz
5 Eier
150 g Weizenmehl
50 g Speisestärke
1 gestr. TL Backpulver
75 g gemahlene Haselnußkerne

Für die Füllung

1 Pck. Pudding-Pulver Vanille-Geschmack
500 ml (½ l) Milch
60 g Zucker
5 TL Instant-Kaffeepulver
250 g weiche Butter
100 g Mokka-Sahne-Schokolade

helle Mokkabohnen

Urgroßmutters Schokoladentorte

Für den Teig Schokolade in kleine Stücke brechen, in einem kleinen Topf im heißen Wasserbad geschmeidig rühren, aus dem Wasserbad nehmen, in eine Schüssel geben. Butter hinzufügen, mit Handrührgerät mit Rührbesen auf höchster Stufe in etwa ½ Minute geschmeidig rühren. Nach und nach Zucker unterrühren, so lange rühren, bis eine gebundene Masse entstanden ist. Eier, Eigelb nach und nach unterrühren (jeweils etwa ½ Minute). Semmelbrösel portionsweise auf mittlerer Stufe unterrühren. Eiweiß steif schlagen, unterheben. Den Teig in eine gut gefettete Springform (Ø 28 cm, Boden gefettet) füllen, glattstreichen. Die Form auf dem Rost in den Backofen schieben.

Ober-/Unterhitze	etwa 170 °C (vorgeheizt)
Heißluft	etwa 150 °C (nicht vorgeheizt)
Gas	etwa Stufe 3 (vorgeheizt)
Backzeit	etwa 45 Minuten.

Den ausgekühlten Tortenboden einmal durchschneiden, den Boden mit der Hälfte Aprikosenkonfitüre bestreichen, mit dem oberen Boden bedecken. Die restliche Aprikosenkonfitüre durch ein Sieb streichen und die Torte ganz damit bestreichen.
Für den Guß Schokolade in Stücke brechen, in einem kleinen Topf im Wasserbad geschmeidig rühren. Eiweiß mit Zucker gut verrühren. Die aufgelöste Schokolade unterrühren, bis der Guß glänzt. Die Torte damit bestreichen, trocknen lassen, mit gesiebtem Puderzucker bestäuben.

Für den Rührteig

175 g Zartbitter-Schokolade
175 g weiche Butter
175 g Zucker
3 Eier
4 Eigelb
125 g feine Semmelbrösel
3 Eiweiß

etwa 6 EL Aprikosenkonfitüre

Für den Guß

75 g Zartbitter-Schokolade
1 Eiweiß
1 EL Zucker

gesiebter Puderzucker

Schönbrunner Nuß-Schokoladen-Torte

Für den Teig die Schokolade in kleine Stücke brechen, in einem kleinen Topf im Wasserbad geschmeidig rühren. Butter oder Margarine mit Handrührgerät mit Rührbesen geschmeidig rühren, die Schokolade unterrühren.
Nach und nach gesiebten Puderzucker, Eier und Eigelb (jedes Ei, Eigelb ½ Minute) unterrühren. Mehl mit Backpulver mischen, sieben, mit gemahlenen Haselnußkernen portionsweise unterrühren. Eiweiß steif schlagen, unterheben. Den Teig in eine Springform (Ø 28 cm, Boden gefettet) füllen, glattstreichen. Die Form auf dem Rost in den Backofen schieben.

Ober-/Unterhitze	etwa 180 °C (vorgeheizt)
Heißluft	etwa 160 °C (nicht vorgeheizt)
Gas	etwa Stufe 3 (vorgeheizt)
Backzeit	45–50 Minuten.

Den gebackenen Tortenboden aus der Form lösen, auf einen Kuchenrost stürzen, erkalten lassen, zweimal durchschneiden.
Für die Füllung Haselnußkerne auf ein Backblech geben, im Backofen rösten lassen, bis die Nußhaut aufplatzt.

Ober-/Unterhitze	etwa 200 °C (vorgeheizt)
Heißluft	etwa 180 °C (nicht vorgeheizt)
Gas	etwa Stufe 4 (vorgeheizt)
Backzeit	8–10 Minuten.

Die gerösteten Nüsse auf ein Sieb geben, etwas abkühlen lassen, die Haut abreiben. 18 Nußkerne zum Garnieren zurücklassen, die restlichen mahlen. Pudding-Pulver mit der Milch nach der Vorschrift auf dem Päckchen (aber ohne Zucker) zubereiten, kalt stellen, ab und zu durchrühren. Butter geschmeidig rühren, nach und nach gesiebten Puderzucker unterrühren. Den Pudding portionsweise hinzufügen, so lange rühren, bis eine glatte Creme entstanden ist (sollte die Creme gerinnen, kann sie im heißen Wasserbad wieder glattgerührt werden). ¼ der Creme in einen Spritzbeutel mit Sterntülle geben, unter den Rest der Creme die gemahlenen Haselnußkerne rühren.
Die 3 Tortenböden mit der Creme bestreichen, zu einer Torte zusammensetzen. Die Torte mit der Creme aus dem Spritzbeutel verzieren, mit den zurückgelassenen Haselnußkernen garnieren.

Für den Rührteig

- 100 g Schokolade
- 200 g weiche Butter oder Margarine
- 100 g Puderzucker
- 3 Eier
- 3 Eigelb
- 80 g Weizenmehl
- 1 schwach gehäufter TL Backpulver
- 150 g gemahlene Haselnußkerne
- 3 Eiweiß

Für die Füllung

- 125 g Haselnußkerne
- 1 Pck. Pudding-Pulver Schokoladen-Geschmack
- 500 ml (½ l) Milch
- 250 g weiche Butter
- 50 g gesiebter Puderzucker

Nuß-Sahne-Torte

Für den Teig Eier und heißes Wasser mit Handrührgerät mit Rührbesen auf höchster Stufe in 1 Minute schaumig schlagen. Zucker, Vanillin-Zucker mischen, in 1 Minute einstreuen, dann noch etwa 2 Minuten schlagen. Mehl mit Speisestärke und Backpulver mischen. Die Hälfte davon auf die Eiercreme sieben, kurz auf niedrigster Stufe unterrühren. Den Rest des Mehlgemisches auf dieselbe Weise unterarbeiten. Den Teig in eine Springform (Ø 28 cm, Boden gefettet, mit Backpapier belegt) füllen, in den Backofen schieben.

Ober-/Unterhitze	180–200 °C (vorgeheizt)
Heißluft	–
Gas	Stufe 3–4 (nicht vorgeheizt)
Backzeit	20–30 Minuten.

Den Tortenboden gut auskühlen lassen.
Für die Füllung die Sahne ½ Minute steif schlagen. Puderzucker sieben, mit Vanillin-Zucker, Sahnesteif mischen, einstreuen, die Sahne steif schlagen. Unter ⅔ der Sahne gemahlene Haselnußkerne rühren. Den Tortenboden einmal durchschneiden, den unteren Boden mit der Füllung bestreichen, den oberen darauf legen, gut andrücken. Rand und obere Seite der Torte mit einem Teil der zurückgelassenen Sahne gleichmäßig bestreichen. Den Rand mit Haselnußscheiben bestreuen. Die Torte mit der restlichen Sahne verzieren, mit Haselnußkernen und Schokoladenblättern garnieren.

Für den Biskuitteig

2	Eier
2–3 EL	heißes Wasser
100 g	Zucker
1 Pck.	Vanillin-Zucker
75 g	Weizenmehl
50 g	Speisestärke
1 gestr. TL	Backpulver

Für die Füllung

750 ml (¾ l)	Schlagsahne
35 g	Puderzucker
1 Pck.	Vanillin-Zucker
3 Pck.	Sahnesteif
150 g	gemahlene Haselnußkerne oder
150 g	gemahlene, geröstete Haselnußkerne
50 g	gehobelte, gebräunte Haselnußscheiben
12	Haselnußkerne
	Schokoladenblätter

Schoko-Sahne-Torte

Für den Teig Eier und Wasser mit Handrührgerät mit Rührbesen auf höchster Stufe in 1 Minute schaumig schlagen. Zucker mit Vanillin-Zucker mischen, in 1 Minute einstreuen, dann noch etwa 2 Minuten weiterschlagen. Mehl mit Speisestärke, Backpulver mischen. Die Hälfte davon auf die Eiercreme sieben, kurz auf niedrigster Stufe unterrühren, den Rest des Mehlgemisches auf dieselbe Weise unterarbeiten. Den Teig in eine Springform (Ø 28 cm, Boden gefettet, mit Backpapier belegt) füllen. Die Form auf dem Rost in den Backofen schieben.

Ober-/Unterhitze	170–200 °C (vorgeheizt)
Heißluft	–
Gas	Stufe 3–4 (nicht vorgeheizt)
Backzeit	20–30 Minuten.

Den Tortenboden aus der Form lösen, erkalten lassen.
Für die Füllung Schokolade in kleine Stücke brechen, in einem kleinen Topf bei schwacher Hitze zu einer geschmeidigen Masse verrühren, abkühlen lassen. Gelatine mit Wasser in einem kleinen Topf anrühren. 10 Minuten zum Quellen stehen lassen. Unter Rühren erwärmen, bis sie gelöst ist. Schlagsahne fast steif schlagen. Die Gelatinelösung darunter rühren, die Sahne vollkommen steif schlagen. 2 Eßlöffel davon unter die noch flüssige Schokolade rühren, dieses dann unter die restliche Sahne rühren. Den Tortenboden einmal durchschneiden. Den unteren Boden mit ⅔ der Füllung bestreichen, den oberen darauf legen, gut andrücken. Rand und obere Seite der Torte mit etwas von der zurückgelassenen Sahne bestreichen. Den Rand mit Schokolade bestreuen. Die Torte mit der restlichen Sahne verzieren, mit Schokoladen-Spänen garnieren.

Für den Biskuitteig

2	Eier
2 EL	heißes Wasser
100 g	Zucker
1 Pck.	Vanillin-Zucker
75 g	Weizenmehl
50 g	Speisestärke
1 gestr. TL	Backpulver

Für die Füllung

175 g	Zartbitter-Schokolade
1 Pck.	Gelatine gemahlen, weiß
4 EL	kaltes Wasser
750 ml (¾ l)	Schlagsahne
25 g	geraspelte Zartbitter-Schokolade
	Schokoladen-Späne

Diplomatentorte

Für den Biskuitteig

4	Eier
3–4 EL	heißes Wasser
125 g	Zucker
1 Pck.	Vanillin-Zucker
100 g	Weizenmehl
1 Pck.	Pudding-Pulver Vanille-Geschmack
1 gestr. TL	Backpulver
4–5 EL	Kirschkonfitüre

Für die Füllung

1 Pck.	Götterspeise Zitrone-Geschmack
150 g	Zucker
250 ml (¼ l)	Weißwein
250 ml (¼ l)	Schlagsahne

Für den Teig Eier und Wasser mit Handrührgerät mit Rührbesen auf höchster Stufe in 1 Minute schaumig schlagen. Zucker mit Vanillin-Zucker mischen, in 1 Minute einstreuen, dann noch etwa 2 Minuten schlagen. Mehl mit Pudding-Pulver und Backpulver mischen. Die Hälfte davon auf die Eiercreme sieben, kurz auf niedrigster Stufe unterrühren.
Den Rest des Mehlgemisches auf dieselbe Weise unterarbeiten. Den Teig etwa 1 cm dick auf ein gefettetes, mit Backpapier belegtes Backblech streichen, an der offenen Seite des Blechs das Papier unmittelbar vor dem Teig zu einer Falte knicken, so daß ein Rand entsteht, sofort in den Backofen schieben.

Ober-/Unterhitze	170–200 °C (vorgeheizt)
Heißluft	–
Gas	Stufe 3–4 (vorgeheizt)
Backzeit	etwa 10 Minuten.

Den Biskuit sofort nach dem Backen auf ein mit Zucker bestreutes Papier stürzen, das Backpapier mit kaltem Wasser bestreichen, vorsichtig, aber schnell abziehen.
Das Gebäck mit Kirschkonfitüre bestreichen, von der längeren Seite aufrollen, kalt stellen. Die Biskuitrolle in Scheiben schneiden, die Randstücke zurücklassen. Eine Schüssel mit abgerundetem Boden mit den Biskuitscheiben auslegen, etwas zusammendrücken.
Für die Füllung Götterspeise, Zucker und Weißwein nach der Vorschrift auf dem Päckchen zubereiten. Schlagsahne steif schlagen. Sobald die Speise anfängt dicklich zu werden, die Sahne unterheben. Die Creme auf die Biskuitscheiben füllen, glattstreichen, die zurückgelassenen Randstücke auseinanderrollen, die Creme damit bedecken, kalt stellen. Sobald die Creme fest geworden ist (nach etwa 1 Stunde), die Torte auf eine Platte stürzen.

Emdener Torte

(Foto)

Für den Teig Eier mit Wasser mit Handrührgerät mit Rührbesen auf höchster Stufe in 1 Minute schaumig schlagen. Zucker und Vanillin-Zucker mischen und in 1 Minute einstreuen. Dann die Eiercreme noch etwa 2 Minuten schlagen. Mehl, Speisestärke und das Backpulver mischen, die Hälfte davon auf die Eiercreme sieben und kurz auf niedrigster Stufe unterrühren. Den Rest des Mehls auf dieselbe Weise unterarbeiten. Die Hälfte des Teiges in eine Springform (Ø 28 cm, mit Backpapier belegt) füllen, glattstreichen und die Form auf dem Rost in den Backofen schieben.

Ober-/Unterhitze	180–200 °C (vorgeheizt)
Heißluft	–
Gas	Stufe 3–4 (nicht vorgeheizt)
Backzeit	etwa 15 Minuten.

Unter den restlichen Teig den Kakao rühren und den Teig in eine zweite Springform (Ø 28 cm, mit Backpapier belegt) füllen und glattstreichen. Ebenso backen wie den hellen Tortenboden, beide Tortenböden erkalten lassen.

Für die Füllung die Schlagsahne ½ Minute schlagen, Sahnesteif einstreuen und die Sahne steif schlagen. Unter gut ⅓ der Sahne die Preiselbeeren und den Zitronensaft rühren. Die Preiselbeersahne auf den dunklen Tortenboden streichen. Den hellen Tortenboden darauflegen und leicht andrücken.

Die Zartbitterschokolade in Stücke brechen, in einem kleinen Topf im Wasserbad geschmeidig rühren, etwas abkühlen lassen und unter die restliche Sahne rühren.

Die Torte mit der Hälfte der Schokoladensahne ganz bestreichen. Die restliche Schokoladensahne in einen Spritzbeutel mit Sterntülle füllen und die Tortenoberfläche damit verzieren. Mit Preiselbeeren garnieren.

Für den Biskuitteig

2	Eier
2 EL	heißes Wasser
100 g	Zucker
1 Pck.	Vanillin-Zucker
75 g	Weizenmehl
50 g	Speisestärke
1 gestr. TL	Backpulver
20 g	gesiebter Kakao

Für die Füllung

750 ml (¾ l)	Schlagsahne
3 Pck.	Sahnesteif
3 EL	Preiselbeeren (aus dem Glas)
1–2 EL	Zitronensaft
100 g	Zarbitterschokolade
	Preiselbeeren zum Garnieren

Printentorte

Münchner Prinzregententorte

Für den Rührteig

250 g	weiche Butter oder Margarine
250 g	Zucker
1 Pck.	Vanillin-Zucker
1 Prise	Salz
4	Eier
200 g	Weizenmehl
50 g	Speisestärke
1 gestr. TL	Backpulver

Für die Buttercreme

1 Pck.	Pudding-Pulver Schokoladen-Geschmack
75 g	Zucker
500 ml (½ l)	Milch
250 g	Butter

Für den Guß

100 g	Zartbitter-Schokolade
etwas	Kokosfett

Für den Teig Butter mit Handrührgerät mit Rührbesen auf höchster Stufe in etwa ½ Minute geschmeidig rühren. Nach und nach Zucker, Vanillin-Zucker und Salz unterrühren. So lange rühren, bis eine gebundene Masse entstanden ist. Eier nach und nach unterrühren (jedes Ei etwa ½ Minute). Mehl, Speisestärke und das Backpulver mischen, sieben und portionsweise auf mittlerer Stufe unterrühren.
Aus dem Teig 7 Böden herstellen. Dafür jeweils etwa 2 Eßlöffel des Teiges auf einen Springformboden (Ø 28 cm, Boden gefettet) streichen. (Darauf achten, daß die Teiglage am Rand nicht zu dünn ist, damit der Boden dort nicht zu dunkel wird!) Jeden Boden ohne Springformring in den vorgeheizten Backofen schieben und hellbraun backen.

Ober-/Unterhitze	170–200 °C (vorgeheizt)
Heißluft	160–170 °C (nicht vorgeheizt)
Gas	Stufe 3–4 (nicht vorgeheizt)
Backzeit	etwa 10 Minuten.

Die Böden sofort nach dem Backen vom Springformboden lösen.
Für die Buttercreme aus Pudding-Pulver, Zucker und der Milch nach Vorschrift auf dem Päckchen (aber mit 75 g Zucker) einen Pudding zubereiten, kalt stellen, ab und zu durchrühren. Butter geschmeidig rühren. Den Pudding portionsweise darunter geben (Darauf achten, daß weder Butter noch Pudding zu kalt sind, da dann die sogenannte Gerinnung eintritt!).
Die einzelnen Böden mit der Buttercreme bestreichen, zu einer Torte zusammensetzen, die oberste Schicht muß aus einem Boden bestehen.
Für den Guß Schokolade mit etwas Kokosfett in einem kleinen Topf im Wasserbad bei schwacher Hitze zu einer geschmeidigen Masse verrühren, die Torte damit überziehen.

Tip:

Etwas von der Buttercreme zurückbehalten und die Torte damit verzieren.

Wei

Friesische Weihnachtstorte

Für den Knetteig

250 g	Weizenmehl
1 Msp.	Backpulver
2 Pck.	Vanillin-Zucker
1 Becher (150 g)	Crème fraîche
175 g	weiche Butter

Für die Streusel

150 g	Weizenmehl
75 g	Zucker
1 Pck.	Vanillin-Zucker
1 Msp.	gemahlener Zimt
100 g	kalte Butter

Für die Füllung

500 ml (½ l)	Schlagsahne
25 g	Zucker
2 Pck.	Sahnesteif
1 Pck.	Vanillin-Zucker
450 g	Pflaumenmus

Zum Bestäuben
gesiebter Puderzucker

Für den Teig Mehl und Backpulver mischen und in eine Rührschüssel sieben. Vanillin-Zucker, Crème fraîche und die Butter hinzufügen. Alle Zutaten mit Handrührgerät mit Knethaken zunächst kurz auf niedrigster, dann auf höchster Stufe gut durcharbeiten.
Anschließend auf der Arbeitsfläche zu einem glatten Teig verkneten. Sollte der Teig kleben, ihn eine Zeitlang kalt stellen. Den Teig in vier gleich große Stücke teilen und jeweils ein Teigstück auf dem Boden einer Springform (Ø 28 cm, Boden gefettet) ausrollen. Dabei darauf achten, daß der Teigboden am Rand nicht zu dünn ist und ihn mehrmals mit einer Gabel einstechen. Den Springformring darumlegen und schließen.
Für die Streusel das Mehl in eine Schüssel sieben und mit Zucker, Vanillin-Zucker und dem Zimt mischen. Die Butter in Flöckchen dazugeben und die Zutaten mit den Händen oder 2 Gabeln zu Streuseln vermengen. Den Teigboden mit ¼ der Streusel gleichmäßig bedecken. Mit den restlichen Teigteilen und Streuseln in gleicher Weise verfahren. Die Formen nacheinander in den Backofen schieben.

Ober-/Unterhitze	200–220 °C (vorgeheizt)
Heißluft	170–180 °C (nicht vorgeheizt)
Gas	Stufe 3–4 (vorgeheizt)
Backzeit	etwa 15 Minuten.

Die Böden sofort nach dem Backen vom Springformrand lösen und einen der Böden in 12 Tortenstücke schneiden. Die Böden auf dem Kuchenrost erkalten lassen.
Für die Füllung die Schlagsahne ½ Minute schlagen und Zucker, Vanillin-Zucker und Sahnesteif einstreuen. Die Sahne steif schlagen und in einen Spritzbeutel mit gezackter Tülle füllen.
Die drei unzerteilten Tortenböden zunächst mit jeweils ⅓ von dem Pflaumenmus bestreichen und dann die Schlagsahne darauf spritzen. Die drei Böden mit dem geschnittenen Boden zu einer Torte zusammensetzen. Die Torte mit gesiebtem Puderzucker bestäuben und kalt stellen. Vor dem Verzehr mit einem Sägemesser schneiden.

Kleingebäck

Für den Honigteig

125 g	Sirup (Rübenkraut)
50 g	Zucker
	Salz
50 g	Margarine oder Butter
2 EL	Milch oder Wasser
50 g	Grümmel (gestoßener brauner Kandis)
3 Tropfen	Zitronen-Aroma
½ gestr. TL	gemahlener Anis
½ gestr. TL	gemahlene Nelken
½ gestr. TL	gemahlener Zimt
250 g	Weizenmehl
3 gestr. TL	Backpulver

Für den Belag

etwa 200 g	enthäutete Haselnußkerne

Für den Guß

200–250 g	Zartbitter-Kuvertüre
etwas	Kokosfett

Aachener Printen (Foto unten)

Für den Teig Sirup mit Zucker, Salz, Margarine oder Butter und der Milch langsam erwärmen und zerlassen. In eine Rührschüssel geben und kalt stellen. Unter die fast erkaltete Masse mit Handrührgerät mit Rührbesen auf höchster Stufe Grümmel, Zitronen-Aroma und die Gewürze rühren. Mehl mit dem Backpulver mischen, sieben, ⅔ davon eßlöffelweise auf mittlerer Stufe unterrühren. Den Teigbrei mit dem Rest des Mehls auf der Arbeitsfläche zu einem glatten Teig verkneten. Sollte der Teig kleben, ihn eine Zeitlang kalt stellen. Den Teig etwa ½ cm dick ausrollen, Rechtecke (etwa 2 ½ x 7 cm) daraus schneiden, auf ein gefettetes Backblech legen. Die Haselnußkerne halbieren, auf die Teigstücke legen, das Backblech in den Backofen schieben.

Ober-/Unterhitze	170–200 °C (vorgeheizt)
Heißluft	160–170 °C (nicht vorgeheizt)
Gas	Stufe 3–4 (vorgeheizt)
Backzeit	etwa 10 Minuten.

Printen abkühlen lassen. Kuvertüre mit Kokosfett in einem kleinen Topf im Wasserbad bei schwacher Hitze zu einer geschmeidigen Masse verrühren. Erkaltete Printen damit überziehen.

Aachener Reisfladen

(Foto links)

Für den Teig das Mehl in eine Rührschüssel sieben und sorgfältig mit der Hefe mischen. Zucker, Salz, Zitronenschale, Milch und Butter hinzufügen.

Die Zutaten mit Handrührgerät mit Knethaken zunächst auf niedrigster, dann auf höchster Stufe in etwa 5 Minuten zu einem glatten Teig verarbeiten. Den Teig abgedeckt so lange an einem warmen Ort gehen lassen, bis er sich sichtbar vergrößert hat.

Für den Belag Reis gut waschen, mit Milch und Salz aufkochen und bei schwacher Hitze 20 Minuten ausquellen lassen. Das Ei trennen. Abgekühlten Milchreis mit Eigelb, Speisestärke und dem Vanillin-Zucker verrühren.

Äpfel schälen, das Kerngehäuse entfernen. Äpfel in kleine Stückchen schneiden. Eiweiß steif schlagen und zusammen mit den Apfelstücken und den Rosinen unter die Milchreismasse heben. Hefeteig nochmals kurz auf der Arbeitsfläche durchkneten, in sechs Stücke teilen. Jedes Teigstück zu einem Kreis (Ø etwa 10 cm) ausrollen, einen Rand formen. Die Milchreismasse in die Mitte der Fladen geben. Fladen auf ein mit Backpapier belegtes Backblech legen und in den Backofen schieben.

Ober-/Unterhitze	etwa 200 °C (vorgeheizt)
Heißluft	etwa 170 °C (nicht vorgeheizt)
Gas	Stufe 3–4 (vorgeheizt)
Backzeit	etwa 20 Minuten.

Für den Hefeteig

350 g Weizenmehl
1 Pck. Trockenhefe
50 g Zucker
Salz
abgeriebene Schale von ½ Zitrone (unbehandelt)
200 ml lauwarme Milch
1 EL weiche Butter

Für den Belag

65 g Milchreis
250 ml (¼ l) Milch
Salz
1 Ei
2 gestr. EL Speisestärke
1 Pck. Vanillin-Zucker
2 kleine Äpfel
2 EL Rosinen

Aprikosen-kränzchen

Für den Teig das Mehl auf die Arbeitsfläche sieben, in die Mitte eine Vertiefung eindrücken. Vanillin-Zucker, Salz, Magerquark und Butter hineingeben. Butter mit Mehl bedecken, von der Mitte aus alle Zutaten schnell zu einem glatten Teig verkneten. Sollte er zu weich sein, evtl. noch etwas Mehl unterkneten, ihn eine Stunde im Kühlschrank kalt stellen. Für die Füllung Aprikosen abtropfen lassen. Jeweils die Hälfte des Teiges zu einem Rechteck von 40 x 20 cm ausrollen, der Länge nach in gut 1 cm breite Streifen schneiden. Je 2 Teigstreifen umeinanderschlingen, zu einer Schnecke zusammenrollen (die Enden etwas einschlagen), die Mitte etwas flachdrücken. Je 1 Aprikosenhälfte darauf legen, die Kränzchen auf ein gefettetes Backblech setzen, in den Backofen schieben.

Ober-/Unterhitze	200–220 °C (vorgeheizt)
Heißluft	180–200 °C (nicht vorgeheizt)
Gas	Stufe 3–4 (vorgeheizt)
Backzeit	etwa 25 Minuten.

Für den Guß Puderzucker sieben, mit Zitronensaft verrühren, so daß eine dickflüssige Masse entsteht, die noch heißen Kränzchen damit bestreichen.

Für den Knetteig

150 g	Weizenmehl
1 Pck.	Vanillin-Zucker
1 Prise	Salz
150 g	Magerquark
150 g	kalte, in Stücke geschnittene Butter

Für die Füllung

250 g	Aprikosen (aus der Dose)

Für den Guß

75 g	Puderzucker
etwa 1 EL	Zitronensaft

Westfälische Aprikosenhörnchen

Für den Hefeteig

250 g	Weizenmehl
1 Pck.	Trockenhefe
2 gehäufte EL	Zucker
1 Prise	Salz
1	Ei
200 g	zerlassene, abgekühlte Butter oder Margarine
75 ml (5 EL)	lauwarme Milch
200 g	Aprikosenkonfitüre

Zum Bestreichen

1	Eigelb
1 EL	Schlagsahne oder Milch

Für den Teig das Mehl in eine Rührschüssel sieben und sorgfältig mit der Trockenhefe vermischen. Zucker, Salz, Ei, Butter oder Margarine und die Milch hinzufügen. Die Zutaten mit Handrührgerät mit Knethaken zunächst auf niedrigster, dann auf höchster Stufe in etwa 5 Minuten zu einem Teig verarbeiten. Den Teig abgedeckt so lange an einem warmen Ort gehen lassen, bis er sich sichtbar vergrößert hat. Den Teig aus der Schüssel nehmen und auf der Arbeitsfläche nochmals kurz durchkneten, evtl. etwas Mehl unterkneten. Den Teig auf der bemehlten Arbeitsfläche etwa ½ cm dick zu einem Rechteck ausrollen und in 8 cm große Quadrate schneiden. Auf jedes Quadrat etwas Konfitüre geben, die Quadrate über Eck zusammenrollen und zu Hörnchen biegen. Die Hörnchen auf ein mit Backpapier belegtes Backblech legen und so lange gehen lassen, bis die etwa doppelt so groß sind. Eigelb und Sahne oder Milch verquirlen, die Hörnchen damit bestreichen und das Blech in den Backofen schieben.

Ober-/Unterhitze	etwa 200 °C (vorgeheizt)
Heißluft	etwa 180 °C (nicht vorgeheizt)
Gas	Stufe 3–4 (vorgeheizt)
Backzeit	etwa 15 Minuten.

Apfel- oder Kirschtaschen

Für die Füllung

750 g	Äpfel
50 g	Rosinen
50–70 g	Zucker
3–4 Tropfen	Zitronen-Aroma

Für den Quark-Öl-Teig

300 g	Weizenmehl
1 Pck.	Backpulver
150 g	Magerquark
6 EL	Milch
6 EL	Speiseöl
75 g	Zucker
1 Pck.	Vanillin-Zucker
1 Prise	Salz
	Milch

Für den Guß

100 g	Puderzucker
	heißes Wasser

Für die Füllung Äpfel schälen, vierteln, entkernen, in kleine Stücke schneiden. Mit Rosinen unter Rühren leicht dünsten, erkalten lassen, mit Zucker und Zitronen-Aroma abschmecken.
Für den Teig Mehl mit Backpulver mischen, in eine Rührschüssel sieben. Quark, Milch, Speiseöl, Zucker, Vanillin-Zucker hinzufügen. Die Zutaten mit Handrührgerät mit Knethaken auf höchster Stufe etwa 1 Minute verarbeiten. Auf der Arbeitsfläche zu einer Rolle formen. Teig dünn ausrollen, runde Platten (Ø etwa 10 cm) ausstechen. Die eine Hälfte jeder Teigplatte mit etwas Apfelfüllung belegen. Den Rand jeder Teigplatte mit Milch bestreichen, die andere Teighälfte darüberklappen. Die Taschen gut an den Rändern andrücken, auf ein gefettetes Backblech legen, in den Backofen schieben.

Ober-/Unterhitze	170–200 °C (vorgeheizt)
Heißluft	150–170 °C (nicht vorgeheizt)
Gas	Stufe 3–4 (vorgeheizt)
Backzeit	etwa 15 Minuten.

Für den Guß Puderzucker sieben, mit so viel heißem Wasser glattrühren, daß eine dickflüssige Masse entsteht, sofort nach dem Backen die Apfeltaschen damit bestreichen.

Tip:

Anstelle von Äpfeln, Sauerkirschen, Pfirsiche oder Aprikosen verwenden. Das Obst nach Belieben mit 50–100 g gestiftelten Mandeln bestreuen.

Stachelbeeren in Baisertörtchen

500 g	Stachelbeeren
1 EL	Wasser
150 g	Zucker

Für die Baisermasse

2	Eiweiß
100 g	Zucker

Für den Guß

1 Pck.	Tortenguß, klar
250 ml (¼ l)	Stachelbeersaft

Stachelbeeren mit einer Schere von Stiel und Blüte befreien, waschen. Mit Wasser und Zucker zum Kochen bringen, weichdünsten lassen, abtropfen lassen. Den Saft auffangen.

Für die Baisermasse Eiweiß zu steifem Schnee schlagen, eßlöffelweise Zucker unterschlagen. Die Masse in einen Spritzbeutel füllen, Törtchen (Ø etwa 7 cm, etwa 2 cm hoch) und Deckel auf ein mit Alufolie ausgelegtes Backblech spritzen. Das Backblech in den Backofen schieben.

Ober-/Unterhitze	110–130 °C (vorgeheizt)
Heißluft	etwa 100 °C (nicht vorgeheizt)
Gas	25 Minuten Stufe 1, 25 Minuten aus, 15 Minuten Stufe 1
Backzeit	etwa 50 Minuten.

Die Törtchen abkühlen lassen. Die Stachelbeeren in die Törtchen füllen. Für den Guß aus Tortenguß und Stachelbeersaft nach der Vorschrift auf dem Päckchen einen Guß zubereiten. Über den Stachelbeeren verteilen, die Baiser-Deckel darauf setzen.

Ballbäuschen

(Foto)

Für den Hefeteig

500 g	Weizenmehl
1 Pck.	Trockenhefe
75 g	Zucker
1 Prise	Salz
2	Eier
250 ml (1/4 l)	lauwarme Milch
75 g	zerlassene, abgekühlte Margarine
150 g	Rosinen
	Butterschmalz zum Ausbacken
	Zucker und Zimt

Mehl und Hefe miteinander vermischen, Zucker und Salz hinzugeben. Eier, lauwarme Milch, abgekühlte Margarine hinzufügen. Die Zutaten mit Handrührgerät mit Knethaken zunächst auf niedrigster, dann auf höchster Stufe in etwa 5 Minuten zu einem Teig verarbeiten, zuletzt die Rosinen unterheben. Den Teig abgedeckt an einem Ort so lange stehen lassen, bis er sich sichtbar vergrößert hat. Butterschmalz in einer Friteuse erhitzen. Mit einem Teelöffel Bällchen abstechen und in dem heißen Butterschmalz ringsherum goldbraun backen, in Zucker und Zimt wälzen.

Für den Teig

125 g	weiche Butter
125 g	Zucker
1 Prise	Salz
	abgeriebene Schale von 1 Zitrone (unbehandelt)
1 Pck.	Vanillin-Zucker
2	Eier
500 g	Weizenmehl
3 gestr. TL	Backpulver
6 EL	Weißwein

Butterschmalz zum Ausbacken
100 g Puderzucker zum Bestäuben

Hamburger Liebesschleifen

Für den Teig die Butter mit Handrührgerät mit Rührbesen auf höchster Stufe in etwa ½ Minute geschmeidig rühren. Nach und nach Zucker, Salz, Zitronenschale und den Vanillin-Zucker unterrühren. Die Eier nach und nach unterrühren. Mehl und Backpulver mischen und sieben. ⅔ davon eßlöffelweise abwechselnd mit dem Wein auf mittlerer Stufe unterrühren. Den Teigbrei mit dem Rest des Mehls auf der Arbeitsfläche zu einem glatten Teig verkneten. Den Teig etwa 30 Minuten ruhen lassen. Den Teig auf der bemehlten Arbeitsfläche dünn ausrollen und etwa 10 cm große Quadrate ausschneiden. Die Quadrate in der Mitte einschneiden und jeweils ein Ende durch die Mitte hindurchziehen. Butterschmalz erhitzen und jeweils 3–4 Liebesschleifen darin goldbraun ausbacken. Mit dem Schaumlöffel herausnehmen und auf Küchenpapier abtropfen lassen. Vor dem Servieren mit Puderzucker bestäuben.

Berliner Pfannkuchen

(Foto)

Für den Teig das Mehl in eine Rührschüssel sieben und sorgfältig mit der Hefe vermischen. Zucker, Vanillin-Zucker, Bittermandel-Aroma, Salz, Eier, Eigelb, Milch, Butter hinzufügen und mit Handrührgerät mit Knethaken zunächst auf niedrigster, dann auf höchster Stufe in etwa 5 Minuten zu einem Teig verarbeiten. Den Teig so lange an einem warmen Ort stehen lassen, bis er sich sichtbar vergrößert hat, ihn dann auf höchster Stufe nochmals gut durchkneten. Den Teig etwa ½ cm dick ausrollen, mit einer runden Form (Ø etwa 7 cm) kleine Teigplatten ausstechen. Die Hälfte der Teigplatten am Rand dünn mit Eiweiß bestreichen. In die Mitte jeweils etwas Konfitüre geben. Die übrigen Teigplatten darauf legen. Die Teigränder gut andrücken. Die Teigstücke nochmals an einem warmen Ort so lange gehen lassen, bis sie sich sichtbar vergrößert haben. Die Bällchen schwimmend in siedendem Ausbackfett auf beiden Seiten backen, mit einem Schaumlöffel herausnehmen, auf einem Kuchenrost abtropfen lassen und in Zucker wälzen.

Tip:

Den Teig etwa ½ cm dick ausrollen, Kreise ausstechen (etwa Ø 6 cm), nochmals gehen lassen. In siedendem Butterschmalz auf beiden Seiten goldbraun backen. Noch warm mit Hilfe eines Spritzbeutels mit kleiner Lochtülle füllen, dann in Zucker wälzen.

Für den Hefeteig

500 g	Weizenmehl
1 Pck.	Trockenhefe
30 g	Zucker
1 Pck.	Vanillin-Zucker
3 Tropfen	Bittermandel-Aroma
1 gestr. TL	Salz
2	Eier
1	Eigelb
125 ml (⅛ l)	lauwarme Milch
100 g	zerlassene, abgekühlte Butter oder Margarine
1	Eiweiß
	gelbe oder rote Konfitüre
	Butterschmalz zum Ausbacken
	Zucker

Eberswalder Spritzkuchen

Für den Teig das Wasser mit der Butter am besten in einem Stieltopf zum Kochen bringen. Mehl und Speisestärke mischen, sieben und auf einmal in die von der Kochstelle genommene Flüssigkeit schütten. Zu einem glatten Kloß rühren und unter Rühren etwa 1 Minute erhitzen. Den heißen Kloß sofort in eine Rührschüssel geben und nach und nach Zucker, Vanillin-Zucker und die Eier mit Handrührgerät mit Knethaken auf höchster Stufe unterarbeiten. Weitere Eizugabe erübrigt sich, wenn der Teig stark glänzt und so von einem Löffel abreißt, daß lange Spitzen hängenbleiben.
Das Backpulver in den erkalteten Teig einarbeiten und ihn in einen Spritzbeutel (weite Tülle) füllen und auf gefettete Pergamentpapiere (etwa 10 x 10 cm groß) in Form von Kränzen spritzen. Durch Eintauchen der Papiere in siedendes Fritierfett die Kränzchen lösen und schwimmend auf beiden Seiten hellbraun backen. Mit einem Schaumlöffel herausnehmen und auf einem Kuchenrost abtropfen lassen. Für den Guß den Puderzucker sieben und mit Zitronensaft und dem Wasser glattrühren, so daß eine dickflüssige Masse entsteht. Das Gebäck damit überziehen.

Für den Brandteig

250 ml (¼ l)	Wasser
50 g	Butter oder Margarine
150 g	Weizenmehl
30 g	Speisestärke
25 g	Zucker
1 Pck.	Vanillin-Zucker
4–6	Eier
1 gestr. TL	Backpulver

Butterschmalz zum Ausbacken

Für den Guß

200 g	Puderzucker
2 EL	Zitronensaft
etwa 2 EL	heißes Wasser

Leipziger Lerchen

Für den Knetteig

200 g	Weizenmehl
½ gestr. TL	Backpulver
75 g	Zucker
1 Pck.	Vanillin-Zucker
1 Prise	Salz
2 EL	Wasser
100 g	weiche Butter oder Margarine
etwas	Konfitüre

Für die Füllung

80 g	Butter
125 g	Zucker
1 Prise	Salz
1	Ei
1	Eiweiß
100 g	Weizenmehl
125 g	abgezogene, gehackte Mandeln
2 Tropfen	Bittermandel-Aroma
5 EL	Milch
2 EL	Rum

Zum Bestreichen

1	Eigelb
1 EL	Milch

Für den Teig Mehl und Backpulver mischen und in eine Rührschüssel sieben. Zucker, Vanillin-Zucker, Salz, Wasser und Butter oder Margarine hinzufügen. Die Zutaten mit Handrührgerät mit Knethaken zunächst kurz auf niedrigster, dann auf höchster Stufe gut durcharbeiten und anschließend auf der Arbeitsfläche zu einem glatten Teig verkneten. Sollte er kleben, ihn eine Zeitlang kalt stellen. Teig dünn ausrollen und 12 Kreise (Ø etwa 10 cm) ausstechen. 12 leicht gefettete Formen (Ø unten etwa 4 cm, oben etwa 8 cm, Höhe etwa 3–4 cm) damit auslegen. Jeweils einen gestrichenen Teelöffel Konfitüre hineingeben.
Für die Füllung die Butter mit Handrührgerät mit Rührbesen schaumig rühren, mit Zucker, Salz, Ei, Eiweiß, Mehl, Mandeln, Bittermandel-Aroma, Milch und dem Rum verrühren. Die Masse in die Förmchen füllen, obenauf jeweils einen kleinen ausgestochenen Teigstern legen und mit verquirlter Eigelbmilch bestreichen.

Ober-/Unterhitze	180–200 °C (vorgeheizt)
Heißluft	160–170 °C (nicht vorgeheizt)
Gas	Stufe 3–4 (nicht vorgeheizt)
Backzeit	etwa 25 Minuten.

Das Gebäck etwa 5 Minuten in der Form stehen lassen, erst dann stürzen.

Tip:

Wenn man keine Förmchen hat, 2 ineinandergesetzte Papierbackförmchen (nicht gefettet) verwenden.

Hamburger Sandtörtchen

Die Butter zerlassen und kalt stellen. In das wieder etwas festgewordene Fett Zucker, Vanillin-Zucker und Salz geben, mit Handrührgerät mit Rührbesen so lange rühren, bis Fett und Zucker weißschaumig geworden sind.
Nach und nach die Eier unterrühren (jedes Ei etwa ½ Minute). Mehl, Speisestärke und Backpulver mischen, sieben und eßlöffelweise auf mittlerer Stufe unterrühren. Den Rum unterrühren. Den Teig auf Papierbackförmchen verteilen, die Förmchen auf dem Backblech in den Backofen schieben.

(20 Stück)
Für den Rührteig

250 g	Butter
200 g	Zucker
1 Pck.	Vanillin-Zucker
1 Prise	Salz
4	Eier
225 g	Weizenmehl
225 g	Speisestärke
½ gestr. TL	Backpulver
1 EL	Rum

Ober- und Unterhitze	etwa 180 °C (vorgeheizt)
Heißluft	etwa 150 °C (nicht vorgeheizt)
Gas	Stufe 2–3 (nicht vorgeheizt)
Backzeit	30–35 Minuten.

Bobbes

Für den Knetteig

375 g	Weizenmehl
40 g	Speisestärke
1 gestr. TL	Backpulver
140 g	Zucker
1 Pck.	Vanillin-Zucker
4 Tropfen	Zitronen-Aroma
1 Prise	Salz
3	Eigelb
250 g	weiche Butter

Für die Füllung

90 g	Marzipan-Rohmasse
60 g	Zucker
3–4 EL	Rum
50 g	grobe Biskuitbrösel
50 g	Rosinen
50 g	abgezogene, gehobelte, geröstete Mandeln

Zum Bestreichen

1	Eigelb
etwas	Milch

Für die Streusel

50 g	Weizenmehl
25 g	Zucker
etwas	gemahlener Zimt
25 g	weiche Butter

Zum Bestäuben

Puderzucker

Für den Teig Mehl, Speisestärke und Backpulver mischen und in eine Rührschüssel sieben. Zucker, Vanillin-Zucker, Zitronen-Aroma, Salz, Eigelb und weiche Butter hinzufügen. Zutaten mit Handrührgerät mit Knethaken zunächst kurz auf niedrigster, dann auf höchster Stufe gut durcharbeiten. Anschließend den Teig auf einer mit Mehl bestäubten Arbeitsfläche zu einem glatten Teig verkneten. Sollte der Teig kleben, ihn eine Zeitlang kalt stellen.
Für die Füllung Marzipan-Rohmasse mit Zucker und Rum in einer Rührschüssel mit Handrührgerät mit Knethaken zunächst kurz auf niedrigster, dann auf höchster Stufe gut durcharbeiten, so daß eine streichfähige Masse entsteht.
Knetteig zu einem Rechteck (70 x 30 cm) ausrollen, mit der Marzipanmasse bestreichen und mit Biskuitbröseln, Rosinen und Mandeln gleichmäßig bestreuen.
Den Teig von der längeren Seite her locker aufrollen und kalt stellen. Eigelb mit Milch verschlagen und die Rolle damit bestreichen.
Für die Streusel das Mehl in eine Rührschüssel sieben, mit Zucker und Zimt mischen. Weiche Butter hinzufügen und alle Zutaten mit Handrührgerät mit Knethaken zu Streuseln von gewünschter Größe verarbeiten. Streusel auf die Rolle streuen. Die Rolle in 3,5 cm breite Stücke schneiden und diese senkrecht auf ein gefettetes Backblech stellen.

Ober-/Unterhitze	170–200 °C (vorgeheizt)
Heißluft	160–170 °C (nicht vorgeheizt)
Gas	5 Minuten auf Stufe 3–4 (vorheizen) bei Stufe 3–4 backen
Backzeit	etwa 15 Minuten.

Die ausgekühlten Stücke mit Puderzucker bestäuben.

Lippische Rosen

Für den Teig Speisestärke und Mehl in eine Rührschüssel sieben, Salz, Zucker, Vanillin-Zucker, Eier und die Milch hinzufügen, mit Handrührgerät mit Rührbesen zu einem glatten Teig verrühren, etwa 20 Minuten quellen lassen. Das Waffelrädchen zuerst in heißes Fett halten, um es zu erhitzen, dann zweimal so in den Teig tauchen, daß der obere Rand nicht von Teigmasse bedeckt ist. Anschließend so lange in heißes Fett halten (etwa ½ Minute), bis die Waffel leicht gebräunt ist.
Die übrigen Rosen in gleicher Weise herstellen. Die Rosen auf Küchenpapier abtropfen lassen und mit Puderzucker bestäuben.

Tip:

Die Waffelrädchen für die Waffelbäckerei erhalten Sie in Haushaltsfachgeschäften.

Für den Teig

50 g	Speisestärke
50 g	Weizenmehl
1 Prise	Salz
1 TL	Zucker
1 Pck.	Vanillin-Zucker
2	Eier
125 ml (⅛ l)	Milch

Butterschmalz oder
Schweineschmalz zum Ausbacken
Puderzucker zum Bestreuen

Eclairs

Für den Teig Wasser und Butter oder Margarine am besten in einem Stieltopf zum Kochen bringen. Mehl und Speisestärke mischen, sieben und auf einmal in die von der Kochstelle genommene Flüssigkeit schütten.
Zu einem glatten Kloß rühren und unter Rühren etwa 1 Minute erhitzen. Den heißen Kloß sofort in eine Rührschüssel geben. Nach und nach die Eier mit Handrührgerät mit Knethaken auf höchster Stufe unterarbeiten. Weitere Eizugabe erübrigt sich, wenn der Teig stark glänzt und so von einem Löffel abreißt, daß lange Spitzen hängenbleiben. Das Backpulver in den erkalteten Teig arbeiten und ihn in einen Spritzbeutel (große gezackte Tülle) füllen. Etwa 6 cm lange Streifen auf ein gefettetes, mit Weizenmehl bestäubtes Backblech spritzen oder jeweils zwei fingerlange Streifen nebeneinander, einen dritten darauf spritzen. Das Blech in den Backofen schieben.

Ober-/Unterhitze	etwa 200 °C (vorgeheizt)
Heißluft	etwa 170 °C (nicht vorgeheizt)
Gas	etwa Stufe 4 (vorgeheizt)
Backzeit	etwa 20 Minuten.

Sofort nach dem Backen von jedem Eclair einen Deckel abschneiden.
Zum Aprikotieren die Aprikosenkonfitüre durch ein Sieb streichen und unter Rühren erhitzen.
Die noch heißen Gebäckdeckel dünn damit bestreichen.

Für die Füllung die Nuß-Nougat-Masse in einem kleinen Topf im Wasserbad bei schwacher Hitze zu einer geschmeidigen Masse verrühren und etwas abkühlen lassen. Die Sahne etwa ½ Minute schlagen und das Sahnesteif einstreuen. Die Sahne fast steif schlagen und die Nougatmasse portionsweise vorsichtig unterrühren. Die Nougat-Sahne in einen Spritzbeutel mit gezackter Tülle füllen und die Eclairböden damit bespritzen. Mit jeweils einem Deckel abdecken.

Für den Brandteig

125 ml (⅛ l)	Wasser
25 g	Butter oder Margarine
75 g	Weizenmehl
15 g	Speisestärke
2–3	Eier
1 Msp.	Backpulver
etwas	Aprikosenkonfitüre zum Aprikotieren

Für die Füllung

75 g	Nuß-Nougat-Masse
250 ml (¼ l)	Schlagsahne
1 Pck.	Sahnesteif

Nuß-Schnitten

Für den Teig Eier mit Handrührgerät mit Rührbesen auf höchster Stufe in 1 Minute schaumig schlagen. Zucker, Vanillin-Zucker, Salz und Zimt mischen, in 1 Minute einstreuen, dann noch etwa 2 Minuten schlagen. Mehl mit Backpulver mischen, sieben, mit Haselnußkernen mischen, die Hälfte davon auf die Eiercreme geben, kurz auf niedrigster Stufe unterrühren. Den Rest des Nuß-Mehl-Gemisches auf dieselbe Weise unterarbeiten. Den Teig etwa 1 cm dick auf ein gefettetes, mit Pergamentpapier belegtes Backblech streichen, an der offenen Seite des Blechs das Papier unmittelbar vor dem Teig zur Falte knicken, so daß ein Rand entsteht. Das Backblech in den Backofen schieben.

Ober- /Unterhitze	etwa 200 °C (vorgeheizt)
Heißluft	etwa 180 °C (nicht vorgeheizt)
Gas	Stufe 3–4 (vorgeheizt)
Backzeit	12–15 Minuten.

Den Biskuit sofort nach dem Backen auf ein mit Zucker bestreutes Papier stürzen, das Backpapier mit kaltem Wasser bestreichen, vorsichtig, aber schnell abziehen. Die Gebäckplatte erkalten lassen, halbieren.

Für die Füllung Schlagsahne ½ Minute schlagen. Zucker mit Sahnesteif und Vanillin-Zucker mischen, hinzufügen, die Sahne steif schlagen. Schokolade sehr fein schneiden, unter gut die Hälfte der Schlagsahne heben. Auf eine Gebäckplatte streichen, mit der zweiten Gebäckplatte bedecken, mit gut der Hälfte der restlichen Schlagsahne bestreichen.

Auf der Schlagsahne mit einem Messer gleichgroße Schnitten markieren. Die restliche Schlagsahne in einen Spritzbeutel mit gezackter Tülle füllen, die markierten Nußschnitten damit verzieren, mit Borkenschokolade, Haselnußkernen oder Walnußhälften garnieren, einige Stunden in den Kühlschrank stellen. Erst dann die markierten Nußschnitten schneiden.

Für den Biskuitteig

6	Eier
150 g	Zucker
1 Pck.	Vanillin-Zucker
1 Prise	Salz
½ TL	gemahlener Zimt
1 gehäufter EL	Weizenmehl
1 gestr. TL	Backpulver
250 g	gemahlene Haselnußkerne

Für die Füllung

750 ml (¾ l)	Schlagsahne
1 TL	Zucker
3 Pck.	Sahnesteif
3 Pck.	Vanillin-Zucker
100 g	Zartbitter-Schokolade

Borkenschokolade, Haselnußkerne oder Walnußhälften

Mandel-Schoko-Schnitten

Für den Teig Eier mit Wasser mit Handrührgerät mit Rührbesen auf höchster Stufe in 1 Minute schaumig schlagen. Zucker, Vanillin-Zucker, Mandeln, Speisestärke, Semmelbrösel und Schokolade mischen, die Hälfte davon auf die Eiercreme geben, kurz auf niedrigster Stufe unterrühren. Den Rest des Mehlgemisches auf dieselbe Weise unterarbeiten. Den Teig etwa 1 cm dick auf ein gefettetes, mit Backpapier belegtes Backblech streichen, an der offenen Seite des Blechs das Papier unmittelbar vor dem Teig zur Falte knicken, so daß ein Rand entsteht. Das Backblech in den Backofen schieben.

Ober-/Unterhitze	200–220 °C (vorgeheizt)
Heißluft	–
Gas	Stufe 3–4 (vorgeheizt)
Backzeit	10–15 Minuten.

Aprikosenkonfitüre durch ein Sieb streichen, mit Rum und Wasser verrühren, aufkochen lassen. Biskuit sofort nach dem Erkalten gleichmäßig damit bestreichen, erkalten lassen.
Für den Guß Schokolade in kleine Stücke brechen, mit Kokosfett in einem kleinen Topf im Wasserbad zu einer geschmeidigen Masse verrühren, ihn auf die Aprikosenschicht streichen, etwas antrocknen lassen. Mit einem Messer Vierecke in der Größe von etwa 5 x 5 cm in den Schokoladenguß ziehen. Die Vierecke mit Mandeln belegen. Sobald der Guß fest ist, das Gebäck mit einem in heißes Wasser getauchten Messer auseinanderschneiden.

Beigabe Schlagsahne.

Für den Biskuitteig

4	Eier
2–3 EL	heißes Wasser
100 g	Zucker
1 Pck.	Vanillin-Zucker
50 g	abgezogene, gemahlene Mandeln
50 g	Speisestärke
50 g	Semmelbrösel
50 g	geriebene Schokolade
4 EL	Aprikosenkonfitüre
2 EL	Rum
2 EL	Wasser

Für den Guß

100 g	Schokolade
1 EL	Kokosfett
	abgezogene, gehobelte Mandeln

Marzipan-Kaffeeschnitten

Für den Knetteig

250 g	Weizenmehl
½ gestr. TL	Backpulver
75 g	Zucker
1 Pck.	Vanillin-Zucker
1	Ei
125 g	weiche Butter oder Margarine
4 EL	Konfitüre

Für den Belag

125 g	Butter
125 g	Marzipan-Rohmasse
100 g	Zucker
1 Pck.	Vanillin-Zucker
2	Eier
	abgeriebene Schale von
½	Zitrone (unbehandelt)
250 g	Weizenmehl
1 Msp.	Backpulver

Für den Teig Mehl mit Backpulver mischen, in eine Rührschüssel sieben. Zucker, Vanillin-Zucker, Ei und Butter oder Margarine hinzufügen. Zutaten mit Handrührgerät mit Knethaken zunächst kurz auf niedrigster, dann auf höchster Stufe gut durcharbeiten. Anschließend auf der Arbeitsfläche zu einem glatten Teig verkneten, sollte er kleben, ihn eine Zeitlang kalt stellen. Den Teig zu einem Rechteck von 40 x 32 cm ausrollen, 8 Streifen (20 x 8 cm) daraus schneiden, auf ein Backblech legen, im Backofen hellgelb backen.

Ober-/Unterhitze	170–200 °C (vorgeheizt)
Heißluft	160–180 °C (nicht vorgeheizt
Gas	Stufe 3–4 (vorgeheizt)
Backzeit	etwa 15 Minuten.

Die Gebäckstreifen mit Konfitüre bestreichen.
Für den Belag Butter und Marzipan-Rohmasse mit Handrührgerät mit Rührbesen zu einer geschmeidigen Masse verrühren, nach und nach Zucker, Vanillin-Zucker, Eier und Zitronenschale unterrühren. Mehl mit Backpulver mischen, sieben, portionsweise unterrühren. Die Masse in einen Spritzbeutel mit gezackter Tülle füllen, beliebige Muster auf die Gebäckstreifen spritzen, in den Backofen schieben.

Ober-/Unterhitze	170–200 °C (vorgeheizt)
Heißluft	150–170 °C (nicht vorgeheizt)
Gas	Stufe 3–4 (vorgeheizt)
Backzeit	etwa 20 Minuten.

Das Gebäck sofort nach dem Backen in schmale Streifen schneiden.

Für den Honigteig

200 g	Sirup
50 g	Honig
50 g	Butter oder Margarine
50 g	gestoßener brauner Kandiszucker (Grümmel)
50 g	Rohzucker
1 gestr. TL	gemahlener Zimt
½ gestr. TL	gemahlene Nelken
½ gestr. TL	Anissamen
1 Msp.	gemahlene Muskatblüte
1 Msp.	gemahlener Ingwer
1 Msp.	gemahlener Kardamom
30 g	feingehacktes Orangeat
300 g	Weizenmehl
3 gestr. TL	Backpulver
	Dosenmilch

Würzige Printen

Für den Teig Sirup mit Honig und Butter oder Margarine langsam erwärmen, zerlassen, in eine Rührschüssel geben, kalt stellen, unter die fast erkaltete Masse mit Handrührgerät mit Rührbesen auf höchster Stufe Kandiszucker, Rohzucker, Zimt, Nelken, Anis, Muskatblüte, Ingwer, Kardamom und Orangeat rühren. Mehl mit Backpulver mischen, sieben. ⅔ davon auf mittlerer Stufe eßlöffelweise unterrühren. Den Rest des Mehls unter den Teigbrei kneten, den Teig etwa ½ cm dick ausrollen, in Rechtecke von etwa 2½ x 7 cm schneiden, auf ein gefettetes Backblech legen, mit Dosenmilch bestreichen, das Backblech in den Backofen schieben.

Ober-/Unterhitze	170–200 °C (vorgeheizt)
Heißluft	160–180 °C (nicht vorgeheizt)
Gas	Stufe 3–4 (vorgeheizt)
Backzeit	etwa 10 Minuten.

Preußischer Zimtkuchen

(Foto)

Blätterteig bei Zimmertemperatur auftauen lassen. Die Teigplatten aufeinanderlegen, zu einem Rechteck in der Größe des Backblechs ausrollen und auf das mit Wasser abgespülte Backblech legen. Mandeln, Rosenwasser, Zucker, Ei, Schmand, Zimt und die Zitronenschale zu einer streichfähigen Masse verrühren. Die Mandelmasse auf den Blätterteig streichen. Den Kuchen mehrmals mit einer Gabel einstechen und das Backblech in die mittlere Einschubleiste des Backofens schieben.

Ober-/Unterhitze	170–200 °C (vorgeheizt)
Heißluft	160–170 °C (nicht vorgeheizt)
Gas	Stufe 3–4 (nicht vorgeheizt)
Backzeit	etwa 30 Minuten.

Für den Blätterteig

1 Pck. (450 g)	TK Blätterteig

Für den Belag

250 g	abgezogene, gemahlene Mandeln
etwa 1 EL	Rosenwasser
250 g	Zucker
1	Ei
100 g	Schmand
1 TL	gemahlener Zimt
	abgeriebene Schale von
½	Zitrone (unbehandelt)

Quarktaschen

Für den Teig das Mehl in eine Rührschüssel sieben. Vanillin-Zucker, Salz, Magerquark und Butter hinzufügen. Die Zutaten mit Handrührgerät mit Knethaken zunächst kurz auf niedrigster, dann auf höchster Stufe gut durcharbeiten. Anschließend auf der Arbeitsfläche zu einem glatten Teig verkneten, den Teig etwa 1 Stunde kalt stellen.
Für die Füllung Magerquark mit Zucker, Vanillin-Zucker und Eiweiß verrühren. Rosinen unterrühren. Die Hälfte des Teiges zu einem Viereck von 30 x 30 cm ausrollen, in Quadrate von 10 x 10 cm schneiden, jedes Teigstück in der Mitte mit etwas von der Füllung belegen. Eigelb mit Milch verschlagen, die Teigränder damit bestreichen. Die Teigstücke zu Taschen zusammenschlagen, mit dem verschlagenen Eigelb bestreichen, den restlichen Teig ebenso verarbeiten. Die Teigreste ausrollen, in schmale Streifen schneiden, je 2 davon über Kreuz auf jede Taschen legen, ebenfalls mit der Eigelbmilch bestreichen.

Ober-/Unterhitze	200–220 °C (vorgeheizt)
Heißluft	180–200 °C (nicht vorgeheizt)
Gas	Stufe 3–4 (vorgeheizt)
Backzeit	etwa 25 Minuten.

Für den Knetteig

150 g Weizenmehl
1 Pck. Vanillin-Zucker
1 Prise Salz
150 g Magerquark
150 g weiche Butter

Für die Füllung

250 g Magerquark
50 g Zucker
1 Pck. Vanillin-Zucker
1 Eiweiß
30 g Rosinen
1 Eigelb
1 ½ EL Milch

Rahmküchle

(Foto)

Für den Teig Eigelb, Crème fraîche, Vanillin-Zucker und Salz mit Handrührgerät mit Rührbesen verschlagen. Mehl sieben und portionsweise hinzugeben und unterrühren. Den Teig etwa 1 Stunde ruhen lassen. Auf einer bemehlten Arbeitsfläche den Teig portionsweise dünn ausrollen und Kreise bzw. Dreiecke ausstechen. Butterschmalz oder Fritierfett in der Friteuse erhitzen. Die Teigkreise bzw. -dreiecke im Butterschmalz oder Fritierfett hellbraun ausbacken, mit gesiebtem Puderzucker bestäuben.

Tip:
Dazu Johannisbeerkompott servieren.

(20 Stück)

Für den Teig

3	Eigelb
1 geh. EL	Crème fraîche
1 EL	Vanillin-Zucker
	Salz
125 g	Weizenmehl
500 g	Butterschmalz zum Ausbacken
	Puderzucker

Für den Hefeteig

500 g	Weizenmehl
1 Pck.	Trockenhefe
30 g	Zucker
1 Pck.	Vanillin-Zucker
einige Tropfen	Zitronen-Aroma
1 gestr. TL	Salz
100 g	zerlassene, lauwarme Butter
2	Eier
etwa 250 ml (¼ l)	lauwarme Milch
	Butterschmalz zum Ausbacken

Beigabe

Zucker und Zimt
Kompott

Friesische Pöfferchen

Für den Teig das Mehl in eine Schüssel sieben und sorgfältig mit der Trockenhefe vermischen. Zucker, Vanillin-Zucker, Zitronen-Aroma, Salz, Butter, Eier und die Milch hinzufügen, alles mit Handrührgerät mit Knethaken zuerst auf der niedrigsten, dann auf der höchsten Stufe in etwa 5 Minuten zu einem glatten Teig verarbeiten. An einem warmen Ort so lange stehen lassen, bis der Teig sich sichtbar vergrößert hat und ihn dann auf der höchsten Stufe nochmals gut durchkneten. Mit 2 Teelöffeln Teigbällchen abstechen und schwimmend in siedendem Ausbackfett in einer Pöfferchen-Pfanne (eiserne Pfanne mit runden Vertiefungen) oder in einem Topf hellbraun backen.

Rheinische Muzenmandeln

(Foto)

Für den Teig Mehl und Backpulver mischen und in eine Rührschüssel sieben. Zucker, Rum-Aroma, Eier, Salz und die Butter hinzufügen. Die Zutaten mit Handrührgerät mit Knethaken zunächst kurz auf niedrigster, dann auf höchster Stufe gut durcharbeiten. Anschließend auf der Arbeitsfläche zu einem glatten Teig verkneten. Sollte er kleben, ihn eine Zeitlang kalt stellen. Den Teig etwa 1 cm dick ausrollen. Muzenmandeln mit einer Muzenmandelform ausstechen, oder mit zwei Teelöffeln formen. Schwimmend in siedendem Butterschmalz goldgelb backen. Mit einem Schaumlöffel herausnehmen und auf einem Kuchenrost abtropfen lassen. Noch heiß in Zucker wälzen.

Für den Knetteig

500 g	Weizenmehl
2 gestr. TL	Backpulver
150 g	Zucker
1 Beutel	Feines Jamaica Rum-Aroma
3	Eier
	Salz
150 g	weiche Butter oder Margarine
	Butterschmalz zum Ausbacken
	Zucker

Hefeschnecken

Für den Teig das Mehl in eine Schüssel sieben, mit Trockenhefe sorgfältig vermischen. Zucker, Vanillin-Zucker, Salz, Butter, Eier, lauwarme Milch hinzufügen. Zutaten mit Handrührgerät mit Knethaken zuerst auf der niedrigsten, dann auf der höchsten Stufe in etwa 5 Minuten zu einem Teig verarbeiten. An einem warmen Ort so lange stehen lassen, bis er sich sichtbar vergrößert hat, ihn dann auf der Arbeitsfläche nochmals kurz durchkneten. Den Teig zu einem Rechteck von etwa 45 x 35 cm ausrollen, mit weicher Butter bestreichen. Für die Füllung Korinthen und Rosinen mit Zucker, Vanillin-Zucker und Mandeln mischen, auf den Teig streuen, von der kürzeren Seite her aufrollen. Mit einem scharfen Messer etwa 1½ cm breite Stücke abschneiden, auf ein gefettetes, mit Backpapier belegtes Backblech legen, leicht flachdrücken. Den Teig nochmals so lange an einem warmen Ort gehen lassen, bis er sich sichtbar vergrößert hat, erst dann in den Backofen schieben.

Ober-/Umterhitze	170–200 °C (vorgeheizt)
Heißluft	150–170 °C (nicht vorgeheizt)
Gas	Stufe 3–4 (vorgeheizt)
Backzeit	15–20 Minuten.

Puderzucker mit Zitronensaft glattrühren, so daß eine dickflüssige Masse entsteht. Die Schnecken sofort nach dem Backen damit bestreichen.

Für den Hefeteig

500 g	Weizenmehl
1 Pck.	Trockenhefe
50 g	Zucker
1 Pck.	Vanillin-Zucker
1 Prise	Salz
100 g	zerlassene, lauwarme Butter
2	Eier
125 ml (⅛ l)	lauwarme Milch
30 g	weiche Butter

Für die Füllung

50 g	Korinthen
50 g	Rosinen
50 g	Zucker
1 Pck.	Vanillin-Zucker
50 g	abgezogene, gehackte Mandeln

Für den Guß

175 g	gesiebter Puderzucker
etwa 2 EL	Zitronensaft

Stutenkerle

Für den Teig das Mehl in eine Schüssel sieben und sorgfältig mit der Trockenhefe vermischen. Zitronenschale, Safranpulver und den Zimt hinzufügen und mit dem Mehl vermengen. Butter, Ei, Wasser und den Zucker gut verrühren und in die Mehlmischung geben. Alles mit Handrührgerät mit Knethaken zunächst auf der niedrigsten, dann auf der höchsten Stufe in etwa 5 Minuten zu einem Teig verarbeiten. Die Rosinen unterheben. Den Teig zugedeckt an einem warmen Ort etwa 30 Minuten gehen lassen. Den Teig 1–1½ cm dick ausrollen. Vier Stutenkerle ausschneiden (nach Schablone). Die Armkonturen mit Hilfe eines Messers formen. Aus den Teigresten kleine Rollen und Kordeln formen und die Stutenkerle nach Belieben damit verzieren. Die Tonpfeifen unter den linken Arm der Stutenkerle schieben. Die Stutenkerle nochmals an einem warmen Ort etwa 20 Minuten gehen lassen. Das Eigelb verschlagen, die Hälfte davon abnehmen und mit Kakao oder Zimt gut verrühren. Die Stutenkerle mit dem Eigelb und dem Eigelb-Kakao- bzw. Eigelb-Zimt-Gemisch unterschiedlich bestreichen. Als Augen Rosinen und als Mund und Nase gestiftelte Mandeln in den Teig drücken. Halbierte Nüsse als Knöpfe einsetzen. Die Stutenkerle auf dem Backblech in den Backofen schieben.

Ober-/Unterhitze	170–200 °C (vorgeheizt)
Heißluft	160–170 °C (nicht vorgeheizt)
Gas	Stufe 3–4 (vorgeheizt)
Backzeit	etwa 20 Minuten.

Für den Hefeteig

500 g	Weizenmehl
1 Pck.	Trockenhefe
	abgeriebene Schale von
1	Zitrone (unbehandelt)
etwa 2 g	Safranpulver
etwas	gemahlener Zimt
100 g	zerlassene, lauwarme Butter oder Margarine
1	Ei
250 ml (¼ l)	lauwarmes Wasser
2 EL	Zucker
40 g	Rosinen

Zum Verzieren

4	Tonpfeifen
1	Eigelb
etwas	Kakao oder gemahlener Zimt
	Rosinen
	abgezogene, gestiftelte Mandeln
	abgezogene, halbierte Haselnußkerne

Für den Rührteig

250 g	Butter oder Margarine
150 g	Zucker
1 Pck.	Vanillin-Zucker
1 Prise	Salz
4	Eier
500 g	Weizenmehl
1 TL	Backpulver
etwa 375 ml (3/8 l)	Buttermilch
2–3 EL	Honig

evtl. Speckschwarte zum Einreiben des Waffeleisens

Zum Servieren

Puderzucker
Rübenkraut

Bergische Waffeln

Für den Teig Butter oder Margarine mit Handrührgerät mit Rührbesen auf höchster Stufe in etwa ½ Minute geschmeidig rühren. Nach und nach Zucker, Vanillin-Zucker und Salz unterrühren. So lange rühren, bis eine gebundene Masse entstanden ist. Nach und nach die Eier unterrühren (jedes Ei etwa ½ Minute). Mehl und Backpulver mischen, sieben, abwechselnd portionsweise mit der Buttermilch auf mittlerer Stufe unterrühren. Zum Schluß den Honig unterrühren. Ein Waffeleisen gut erhitzen, evtl. mit der Speckschwarte einreiben. Den Teig in nicht zu großen Portionen in das Waffeleisen füllen. Waffeln auf beiden Seiten goldbraun backen. Einzeln auf einem Kuchenrost erkalten lassen. Waffeln mit Puderzucker bestreuen oder mit Rübenkraut servieren.

Waffeln mit Eis

Zwei Eßlöffel Kirschsaft mit der Speisestärke verrühren. Die Kirschen mit dem restlichen Saft und 50 g Zucker erhitzen und mit der angerührten Speisestärke binden.
Für den Teig das Butterschmalz mit dem Zucker mit Handrührgerät mit Rührbesen schaumig schlagen. Rum, Vanillin-Zucker, Zitronenschale und Salz hinzugeben und schaumig rühren.
Die Eier nach und nach unterrühren (jedes Ei ½ Minute). Mehl mit Speisestärke und Backpulver mischen, unterrühren, nach und nach die Milch hinzugeben, so lange rühren, bis eine einheitliche Masse entstanden ist. Die Sahne steif schlagen. Das Waffeleisen evtl. mit Butterschmalz einfetten. 8–10 Waffeln backen und die Waffeln warm stellen. Das Waffeleisen evtl. nach jeder Waffel neu einfetten. Die Waffeln mit dem Kirschkompott auf Tellern verteilen, mit Sahnetupfen garnieren. Das Eis portionieren und in die Mitte geben.

Für das Kirschkompott

150 ml	Kirschsaft
1 EL	Speisestärke
500 g	entsteinte Kirschen
50 g	Zucker

Für den Rührteig

75 g	Butterschmalz
50 g	Zucker
1 EL	Rum
1 TL	Vanillin-Zucker
1	abgeriebene Schale von Zitrone (unbehandelt)
1 Prise	Salz
3	Eier
150 g	Weizenmehl
25 g	Speisestärke
1 TL	Backpulver
125 ml (⅛ l)	Milch
	evtl. etwas Butterschmalz für das Waffeleisen
125 ml (⅛ l)	Schlagsahne
½ Packung (250 ml)	Rumtopf-Eis

Plätzchen

Bremer Brot

Für den Teig

3		Eier
250	g	Zucker
200	g	Weizenmehl
50	g	Speisestärke
2	EL	feingehacktes Zitronat
2	EL	feingehacktes Orangeat
50	g	abgezogene, feingehackte Mandeln
100	g	abgezogene, gemahlene Mandeln

Für den Teig die Eier mit Handrührgerät mit Rührbesen auf höchster Stufe in 1 Minute schaumig schlagen. Zucker in 2 Minuten einstreuen, dann noch etwa 2 Minuten schlagen. Mehl und Speisestärke mischen, jeweils ¼ auf die Eiercreme sieben, kurz auf niedrigster Stufe unterrühren. Zum Schluß Zitronat, Orangeat, gemahlene und gehackte Mandeln auf niedrigster Stufe unterrühren. Die Masse darf nicht zu dünn sein. Mit zwei Teelöffeln kleine Brötchen formen und auf ein mit Backpapier ausgelegtes Backblech legen. Das Blech in den Backofen schieben.

Ober-/Unterhitze	150–160 °C (vorgeheizt)
Heißluft	120–130 °C (nicht vorgeheizt)
Gas	Stufe 2–3 (nicht vorgeheizt)
Backzeit	20–25 Minuten.

Berliner Zimtbrezeln

Für den Teig Mehl, Backpulver, Zimt und Salz mischen und in eine Rührschüssel sieben. Zucker, Eier und Butter oder Margarine hinzufügen. Die Zutaten mit Handrührgerät mit Knethaken zunächst kurz auf niedrigster, dann auf höchster Stufe gut durcharbeiten. Anschließend auf der Arbeitsfläche zu einem glatten Teig verkneten. Sollte der Teig kleben, ihn eine Zeitlang kalt stellen. Aus dem Teig bleistiftdicke Rollen formen, in etwa 16 cm lange Stücke schneiden und zu kleinen Brezeln formen. Auf ein mit Backpapier belegtes Backblech legen, mit verquirlter Eigelbmilch bestreichen.

Für den Knetteig

375 g	Weizenmehl
1 TL	Backpulver
1 TL	gemahlener Zimt
1 Prise	Salz
250 g	Zucker
2	Eier
200 g	weiche Butter oder Margarine

Zum Bestreichen

1	Eigelb
1 EL	Milch
	Puderzucker zum Bestreuen

Ober-/Unterhitze	180 °C (vorgeheizt)
Heißluft	160 °C (nicht vorgeheizt)
Gas	Stufe 2–3 (vorgeheizt)
Backzeit	etwa 20 Minuten.

Noch heiß mit gesiebtem Puderzucker bestreuen.

Eigelb-Marzipanmakronen

Für den Teig die Marzipan-Rohmasse mit Handrührgerät mit Rührbesen gut verrühren. Puderzucker, Zitronenschale und -saft, Salz und Eigelb unterrühren. Die Masse in einen Spritzbeutel mit weiter Lochtülle geben, jeweils 3 kleine Tuffs dicht nebeneinander in Dreiecksform auf ein mit Backpapier belegtes Backblech spritzen. Mit Stückchen von Orangeat, kandierten Kirschen, Walnußkernen garnieren, das Backblech in den Backofen schieben.

Ober-/Unterhitze	170–200 °C (vorgeheizt)
Heißluft	160–180 °C (nicht vorgeheizt)
Gas	Stufe 3–4 (vorgeheizt)
Backzeit	etwa 10 Minuten.

Zum Aprikotieren Aprikosenkonfitüre durch ein Sieb streichen, mit Rum oder Aprikosen-Schnaps verrühren, aufkochen lassen. Zitronensaft unterrühren, die Makronen sofort nach dem Backen damit bestreichen.

Für den Teig

200 g	Marzipan-Rohmasse
50 g	gesiebter Puderzucker
	abgeriebene Schale von
½	Zitrone (unbehandelt)
1 EL	Zitronensaft
1 Prise	Salz
2	Eigelb
	Orangeat
	kandierte rote und grüne Kirschen
	geviertelte Walnußkerne

Zum Aprikotieren

1 EL	Aprikosenkonfitüre
1 EL	Rum oder Aprikosen-Schnaps
etwas	Zitronensaft

Wiener Herzen

Für den Teig Weizenmehl auf die Arbeitsfläche sieben, in die Mitte eine Vertiefung eindrücken. Puderzucker, Vanillin-Zucker, Eigelb, Salz und Zitronenschale hineingeben, mit einem Teil des Mehls zu einem dicken Brei verarbeiten. Butter in Stücke schneiden, auf den Brei geben, mit Mehl bedecken. Von der Mitte aus alle Zutaten schnell zu einem glatten Teig verkneten. Den Teig dünn ausrollen, Herzen ausstechen, auf ein Backblech legen, in den Backofen schieben.

Ober-/Unterhitze	170–200 °C (vorgeheizt)
Heißluft	160–180 °C (nicht vorgeheizt)
Gas	Stufe 3–4 (vorgeheizt)
Backzeit	8–10 Minuten.

Die Hälfte der erkalteten Plätzchen auf der Unterseite mit Aprikosenkonfitüre bestreichen, die übrigen mit der Unterseite darauf setzen.
Für den Guß Aprikosenkonfitüre durch ein Sieb streichen, mit Orangenlikör in einem kleinen Topf verrühren. Kurz aufkochen lassen, die Plätzchen damit bestreichen. Zum Verzieren Puderzucker sieben, mit Rum und Eiweiß zu einem dickflüssigen Guß verrühren, die Plätzchen damit verzieren.

Für den Knetteig

300 g	Weizenmehl
100 g	gesiebter Puderzucker
2 Pck.	Vanillin-Zucker
2	Eigelb
1 Prise	Salz
	abgeriebene Schale von
1	Zitrone (unbehandelt)
200 g	kalte Butter
2 EL	Aprikosenkonfitüre

Für den Guß

1 EL	Aprikosenkonfitüre
1 EL	Orangenlikör

Zum Verzieren

50 g	Puderzucker
1 TL	Rum
etwas	Eiweiß

Hallignüsse

Für den Knetteig

375 g	Weizenmehl
125 g	Zucker
1 Prise	Salz
1 TL	gemahlener Kardamom
1	Ei
1	Eigelb
250 g	weiche Butter oder Margarine

Zum Bestreichen

1	Eigelb
1 EL	Milch

Für den Teig das Mehl in eine Rührschüssel sieben. Zucker, Salz, Kardamom, Ei, Eigelb und Butter oder Margarine hinzufügen. Die Zutaten mit Handrührgerät mit Knethaken zunächst kurz auf niedrigster, dann auf höchster Stufe gut durcharbeiten. Anschließend auf der Arbeitsfläche zu einem glatten Teig verkneten. Aus dem Teig Rollen (Ø etwa 5 cm) formen, in Alufolie wickeln und 1 Stunde im Kühlschrank ruhen lassen. Die Teigrollen mit einem scharfen Messer in gut ½ cm dicke Scheiben schneiden. Die Scheiben auf ein mit Backpapier belegtes Backblech legen. Eigelb und Milch verschlagen und die Plätzchen damit bestreichen. Das Backblech in den Backofen schieben.

Ober-/Unterhitze	200–230 °C (vorgeheizt)
Heißluft	180–200 °C (nicht vorgeheizt)
Gas	Stufe 3–4 (vorgeheizt)
Backzeit	etwa 15 Minuten.

Wiesbadener Teebrot

(Foto)

Für den Knetteig

125 g	Butter
250 g	Zucker
1 Prise	Salz
½ TL	gemahlener Zimt
2	Eier
2	Eigelb
500 g	Weizenmehl

Für den Teig Butter mit Handrührgerät mit Rührbesen in etwa ½ Minute geschmeidig rühren. Nach und nach Zucker, Salz und den Zimt unterrühren. So lange rühren, bis eine gebundene Masse entstanden ist. Eier und Eigelb nach und nach unterrühren (jeweils ½ Minute). Mehl sieben und die Hälfte portionsweise auf mittlerer Stufe unterühren. Das restliche Mehl unterkneten. Den Teig auf der bemehlten Arbeitsfläche gut ½ cm dick ausrollen und in Streifen (gut 1½ x 6 cm) schneiden. Die Streifen auf ein mit Backpapier belegtes Backblech legen, in den Backofen schieben.

Ober-/Unterhitze	170–200 °C (vorgeheizt)
Heißluft	160–170 °C (nicht vorgeheizt)
Gas	Stufe 3–4 (vorgeheizt)
Backzeit	12–15 Minuten.

Tip:

Die Stangen evtl. vor dem Backen mit Milch einstreichen.

Für den hellen Teig

250 g	Weizenmehl
1 gestr. TL	Backpulver
100 g	Zucker
1 Pck.	Vanillin-Zucker
1 Fläschchen	Rum-Aroma
2 EL	Wasser
100 g	weiche Butter oder Margarine

Für den dunklen Teig

250 g	Weizenmehl
1 gestr. TL	Backpulver
20 g	Kakao
100 g	Zucker
1 Pck.	Vanillin-Zucker
1 Fläschchen	Rum-Aroma
3 EL	Wasser
125 g	weiche Butter oder Margarine

Friesenkeks hell oder dunkel

Für den hellen Teig Mehl und Backpulver mischen und in eine Rührschüssel sieben. Zucker, Vanillin-Zucker, Rum-Aroma, Wasser und Butter oder Margarine hinzufügen und mit einem Handrührgerät mit Knethaken zunächst auf niedrigster, dann auf höchster Stufe gut durcharbeiten. Anschließend auf der Arbeitsfläche zu einem glatten Teig verkneten.
Für den dunklen Teig Mehl, Backpulver und den Kakao mischen und in eine Rührschüssel sieben. Die übrigen Zutaten wie oben beschrieben hinzufügen und alles zu einem glatten Teig verarbeiten. Aus den Teigen je 2–3 cm dicke Rollen formen und in grobem Zucker oder Kandisfarin wälzen. Die Rollen so lange kalt stellen, bis sie hart geworden sind. In knapp ½ cm dicke Scheiben schneiden, die obere Seite in groben Zucker drücken und auf ein gefettetes oder mit Backpapier belegtes Backblech legen. In den Backofen schieben.

Ober-/Unterhitze	170–200 °C (vorgeheizt)
Heißluft	160–170 °C (nicht vorgeheizt)
Gas	Stufe 3–4 (vorgeheizt)
Backzeit	etwa 10 Minuten.

Zum Wälzen

grober Zucker oder Kandisfarin

Für den Teig Butter mit Handrührgerät mit Rührbesen auf höchster Stufe in etwa ½ Minute geschmeidig rühren. Nach und nach Zucker, Vanillin-Zucker, Ei, Salz, Zitronen-Aroma unterrühren.
So lange rühren, bis eine gebundene Masse entstanden ist.
Weizenmehl sieben, ⅔ davon eßlöffelweise auf mittlerer Stufe unterrühren. Den Rest des Mehls mit dem Teigbrei zu einem glatten Teig verkneten.
Sollte er kleben, ihn eine Zeitlang kalt stellen. Den Teig knapp ½ cm dick ausrollen, mit einer runden Form (Ø etwa 4 cm) ausstechen, auf ein gefettetes Backblech legen, in den Backofen schieben.

Orangenplätzchen

Für den Knetteig

175 g	Butter
100 g	Zucker
1 Pck.	Vanillin-Zucker
1	Ei
1 Prise	Salz
1 Fläschchen	Zitronen-Aroma
300 g	Weizenmehl

Für den Guß

175 g	Puderzucker
4–5 EL	Orangenlikör oder Zitronensaft
	kandierte Orangenscheiben

Ober-/Unterhitze	170–200 °C (vorgeheizt)
Heißluft	160–180 °C (nicht vorgeheizt)
Gas	Stufe 3–4 (vorgeheizt)
Backzeit	10–15 Minuten.

Für den Guß Puderzucker mit Orangenlikör oder Zitronensaft glattrühren, so daß eine dickflüssige Masse entsteht. Die erkalteten Plätzchen damit bestreichen.
Kandierte Orangenscheiben in Stücke schneiden, die Plätzchen damit garnieren.

Orangenstäbchen

Für den Teig die Butter mit Handrührgerät mit Rührbesen auf höchster Stufe in etwa ½ Minute geschmeidig rühren. Nach und nach Puderzucker, Vanillin-Zucker, Salz, Eigelb, Orangenschale und -saft unterrühren. So lange rühren, bis eine gebundene Masse entstanden ist. Mehl sieben, portionsweise auf mittlerer Stufe unterrühren. Den Teig in einen Spritzbeutel mit Sterntülle füllen, etwa 6 cm lange Stangen auf ein mit Backpapier belegtes Backblech spritzen.

Ober-/Unterhitze	170–200 °C (vorgeheizt)
Heißluft	160–180 °C (nicht vorgeheizt)
Gas	Stufe 3–4 (vorgeheizt)
Backzeit	etwa 10 Minuten.

Für die Füllung Nuß-Nougat-Masse in einem kleinen Topf im Wasserbad geschmeidig rühren. Die Hälfte der Stäbchen auf der Unterseite damit bestreichen, mit den restlichen Stäbchen bedecken. Speisefettglasur in einem kleinen Topf im Wasserbad geschmeidig rühren. Jeweils ein Ende der Orangenstäbchen eintauchen, auf Pergamentpapier trocknen lassen.

Für den Rührteig

300 g	weiche Butter
150 g	gesiebter Puderzucker
1 Pck.	Vanillin-Zucker
1 Prise	Salz
4	Eigelb
	abgeriebene Schale von
1	Orange (unbehandelt)
3 EL	Orangensaft
300 g	Weizenmehl

Für die Füllung

100 g	Nuß-Nougat-Masse
100 g	Speisefettglasur

Kokoskränzchen

Für den Rührteig

150 g	Butter
100 g	Puderzucker
1 Pck.	Vanillin-Zucker
3	Eigelb
250 g	Weizenmehl
1 Msp.	Backpulver

Für die Füllung

3	Eiweiß
100 g	Zucker
1 Pck.	Vanillin-Zucker
	abgeriebene Schale von
1	Zitrone (unbehandelt)
200 g	Kokosraspel

Für den Teig Butter mit Handrührgerät mit Rührbesen geschmeidig rühren. Puderzucker sieben, nach und nach mit Vanillin-Zucker und Eigelb unterrühren. Weizenmehl mit Backpulver mischen, sieben, eßlöffelweise unterrühren. Den Teig in einen Spritzbeutel mit gezackter Tülle füllen, in Form von Kränzchen (Ø etwa 4 cm) auf ein gefettetes Backblech spritzen.
Für die Füllung Eiweiß steif schlagen, es muß so fest sein, daß ein Messerschnitt sichtbar bleibt. Nach und nach Zucker, Vanillin-Zucker, Zitronenschale unterschlagen. Kokosraspel unterheben. Die Mitte jedes Teigkränzchen mit der Kokosmasse füllen, das Backblech in den Backofen schieben.

Ober-/Unterhitze	170–200 °C (vorgeheizt)
Heißluft	160–180 °C (nicht vorgeheizt)
Gas	Stufe 3–4 (vorgeheizt)
Backzeit	etwa 15 Minuten.

Ananasbissen

(Foto)

Für die Eiweißmasse

4	Eiweiß
125 g	Zucker
125 g	abgezogene, gemahlene Mandeln
100 g	abgetropfte, gehackte Ananasstücke (aus der Dose)
etwa 55	Backoblaten (Ø 5 cm)

Für die Masse das Eiweiß mit Handrührgerät mit Rührbesen auf höchster Stufe steif schlagen, dabei nach und nach den Zucker unterschlagen. Mandeln und Ananasstücke unterheben. Von dem Teig mit 2 Teelöffeln jeweils Häufchen auf Backoblaten geben. Die Oblaten auf ein mit Backpapier belegtes Backblech setzen, in den Backofen schieben.

Ober-/Unterhitze	etwa 150 °C (vorgeheizt)
Heißluft	etwa 130 °C (nicht vorgeheizt)
Gas	etwa Stufe 2 (vorgheizt)
Backzeit	etwa 30 Minuten.

Die Ananasbissen in einer gut schließenden Dose aufbewahren.

Schwäbische Bärentatzen

Für den Rührteig

50 g	Marzipan-Rohmasse
250 g	weiche Butter oder Margarine
150 g	Zucker
2	Eier
1 Prise	Salz
	abgeriebene Schale von
1	Zitrone (unbehandelt)
200 g	Weizenmehl
175 g	Speisestärke
50 g	Kakao

Für die Füllung und für den Guß

100 g	Nußnougat
150 g	Zartbitterkuvertüre

Für den Teig Marzipan-Rohmasse und Butter mit Handrührgerät mit Rührbesen geschmeidig rühren. Zucker, Eier, Salz und Zitronenschale hinzugeben und verrühren. Mehl, Speisestärke und den Kakao mischen, sieben und eßlöffelweise unter die Masse rühren. Die Masse in einen Spritzbeutel mit mittelgroßer Sterntülle füllen, kleine Bärentatzen auf ein gefettetes, bemehltes Backblech spritzen (Tülle auf dem Blech aufsetzen, einen dicken Tupfer aufspritzen, dann spitz auslaufen lassen). Das Backblech auf die mittlere Schiene in den Backofen schieben.

Ober-/Unterhitze	etwa 180 °C (vorgeheizt)
Heißluft	etwa 160 °C (nicht vorgeheizt)
Gas	etwa Stufe 3 (vorgeheizt)
Backzeit	12–15 Minuten.

Für die Füllung und den Guß Nußnougat und Zartbitterkuvertüre getrennt im Wasserbad zu einer geschmeidigen Masse verrühren. Die Hälfte der erkalteten Plätzchen umdrehen, mit der Nougatmasse bestreichen, die anderen Plätzchen darauf setzen. Die Bärentatzen mit der Spitze in die Kuvertüre tauchen, zum Trocknen auf Backpapier oder Alufolie setzen.

Prager Plätzchen

(Foto)

Für den Knetteig

375 g	Weizenmehl
1 gestr. TL	Backpulver
50 g	Zucker
1 Pck.	Vanillin-Zucker
3	Eigelb
250 g	weiche Butter

Für den Belag

3	Eiweiß
200 g	Puderzucker
75 g	abgezogene, gehackte Mandeln
175 g	Korinthen

Für den Teig Mehl mit Backpulver mischen, in eine Rührschüssel sieben. Zucker, Vanillin-Zucker, Eigelb und Butter hinzufügen. Die Zutaten mit Handrührgerät mit Knethaken zunächst kurz auf niedrigster, dann auf höchster Stufe gut durcharbeiten. Anschließend auf der Arbeitsfläche zu einem glatten Teig verkneten. Sollte er kleben, ihn eine Zeitlang kalt stellen. Den Teig dünn ausrollen, mit einer runden Form (Ø etwa 4 cm) ausstechen, auf ein Backblech legen.
Für den Belag das Eiweiß steif schlagen. Es muß so fest sein, daß ein Messerschnitt sichtbar bleibt. Puderzucker sieben, nach und nach unterschlagen. Die Masse in einen Spritzbeutel mit Lochtülle füllen, als Tuffs auf die Teigplätzchen spritzen. Mit Mandeln bestreuen. Korinthen waschen, gut abtropfen lassen. In jedes Plätzchen einige hineindrücken, in den Backofen schieben.

Ober-/Unterhitze	170–200 °C (vorgeheizt)
Heißluft	160–180 °C (nicht vorgeheizt)
Gas	Stufe 3–4 (vorgeheizt)
Backzeit	10–15 Minuten.

Schwarz-Weiß-Gebäck

Für den hellen Knetteig

250 g	Weizenmehl
1 gestr. TL	Backpulver
150 g	Zucker
1 Pck.	Vanillin-Zucker
½ Fläschen	Rum-Aroma oder Butter-Vanille-Aroma
1	Ei
125 g	weiche Butter oder Margarine

Für den dunklen Knetteig

20 g	Kakao
15 g	Zucker
1 EL	Milch
	Eiweiß

Für den hellen Teig Mehl und Backpulver mischen, in eine Rührschüssel sieben. Zucker, Vanillin-Zucker, Aromen, Ei und Butter oder Margarine hinzufügen. Die Zutaten mit Handrührgerät mit Knethaken kurz auf niedrigster, dann auf höchster Stufe gut durcharbeiten, anschließend auf der Arbeitsfläche zu einem glatten Teig verkneten. Sollte er kleben, ihn eine Zeitlang kalt stellen. Für den dunklen Teig Kakao mit Zucker und Milch verrühren, unter die Hälfte des Teiges kneten. Die beiden Teige folgendermaßen zusammensetzen. Für das Schneckenmuster den hellen und den dunklen Teig zu gleichmäßig großen Rechtecken ausrollen. Eines dünn mit Eiweiß bestreichen, das zweite darauf legen, ebenfalls bestreichen, fest zusammenwickeln. Für das Schachbrettmuster den hellen und den dunklen Teig etwa 1 cm dick ausrollen, aus dem hellen 5, aus dem dunklen 4 je 1 cm breite Streifen von gleicher Länge schneiden, mit Eiweiß bestreichen. Abwechselnd je drei neben- und übereinanderlegen, in den dünn ausgerollten Teig wickeln. Teige etwa 1 Stunde kalt stellen, dann in etwa ½ cm dicke Scheiben schneiden, auf mit Backpapier belegte Backbleche legen.

Ober-/Unterhitze	170–200 °C (vorgeheizt)
Heißluft	150–180 °C (nicht vorgeheizt)
Gas	Stufe 3–4 (vorgeheizt)
Backzeit	10–15 Minuten.

Schwarz

Marzipanmakronen

Für die Eiweißmasse

2	Eiweiß
200 g	Zucker
200 g	Marzipan-Rohmasse
100 g	abgezogene, gemahlene Mandeln
	Weizenmehl

Für die Eiweißmasse Eiweiß, Zucker, Marzipan-Rohmasse und Mandeln in eine Rührschüssel geben. Mit Handrührgerät mit Rührbesen zu einer geschmeidigen Masse verrühren. In einen Spritzbeutel mit Lochtülle füllen. In Form von Tuffs auf ein gefettetes, mit Backpapier belegtes, mit Weizenmehl bestäubtes Backblech spritzen oder mit 2 Teelöffeln Häufchen setzen, in den Backofen schieben.

Ober-/Unterhitze	180–200 °C (vorgeheizt)
Heißluft	160–180 °C (nicht vorgeheizt)
Gas	Stufe 2–3 (vorgeheizt)
Backzeit	10–15 Minuten.

Nußbrezeln

(Foto)

Für den Teig das Mehl in eine Schüssel sieben, mit der Trockenhefe sorgfältig vermischen. Zucker, Vanillin-Zucker, Salz, Zitronenschale, Butter, Eier, Eigelb, lauwarme Milch hinzufügen, mit Handrührgerät mit Knethaken zunächst auf der niedrigsten, dann auf der höchsten Stufe in etwa 5 Minuten zu einem Teig verarbeiten. Haselnußkerne unterkneten, den Teig an einem warmen Ort so lange stehen lassen, bis er etwa doppelt so hoch ist, ihn dann auf der höchsten Stufe nochmals gut durchkneten. Den Teig zu einem Rechteck von etwa 42 x 35 cm ausrollen, in Streifen von etwa 42 cm Länge und etwa 1½ cm Breite schneiden oder rädern. Die Streifen zu Brezeln formen, die Enden mit verschlagenem Eiweiß ankleben, zugedeckt an einem warmen Ort gehen lassen, bis sie sich sichtbar vergrößert haben. Die Brezeln schwimmend in siedendem Ausbackfett auf beiden Seiten hellbraun backen, mit einem Schaumlöffel herausnehmen sofort in einem Zimt-Zucker-Gemisch wälzen. Die Brezeln auf einem Kuchenrost erkalten lassen.

Für den Hefeteig

500 g	Weizenmehl
1 Pck.	Trockenhefe
30 g	Zucker
1 Pck.	Vanillin-Zucker
1 gestr. TL	Salz
	abgeriebene Schale von
½	Zitrone (unbehandelt)
100 g	zerlassene Butter
2	Eier
1	Eigelb
½	Eiweiß
gut 125 ml (⅛ l)	lauwarme Milch
100 g	Haselnußkerne

Speiseöl oder Kokosfett zum Ausbacken

Mandel-Honig-Schnitten

Für den Teig Weizenmehl mit Backpulver mischen, in eine Rührschüssel sieben. Zucker, Vanillin-Zucker, Zitronen-Aroma, Salz, Ei und Butter hinzufügen. Die Zutaten mit Handrührgerät mit Knethaken zunächst kurz auf niedrigster, dann auf höchster Stufe gut durcharbeiten. Anschließend auf der Arbeitsfläche zu einem glatten Teig verkneten, sollte er kleben, ihn eine Zeitlang kalt stellen. Den Teig auf einem gefetteten Backblech ausrollen, im Backofen hellgelb backen.

Ober-/Unterhitze	170–200 °C (vorgeheizt)
Heißluft	160–180 °C (nicht vorgeheizt)
Gas	Stufe 3–4 (vorgeheizt)
Backzeit	etwa 20 Minuten.

Für den Belag Zucker mit Honig, Butter und Milch langsam erwärmen, zerlassen, kurz aufkochen lassen. Bittermandel-Aroma, Mandeln, Haselnußkerne, Belegkirschen und Zitronat unterrühren. Die Masse etwas erkalten lassen, gleichmäßig auf den Gebäckboden streichen.

Ober-/Unterhitze	170–200 °C (vorgeheizt)
Heißluft	160–180 °C (nicht vorgeheizt)
Gas	Stufe 3–4 (vorgeheizt)
Backzeit	etwa 10 Minuten.

Das etwas erkaltete Gebäck in kleine Quadrate schneiden.
Für den Guß Puderzucker mit Kakao mischen, sieben, mit heißem Wasser glattrühren, so daß eine dickflüssige Masse entsteht. Kokosfett zerlassen, unterrühren, je zwei gegenüberliegende Ecken der Mandelschnitten in den Guß tauchen.

Für den Knetteig

300 g	Weizenmehl
2 gestr. TL	Backpulver
100 g	Zucker
1 Pck.	Vanillin-Zucker
einige Tropfen	Zitronen-Aroma
1 Prise	Salz
1	Ei
125 g	weiche Butter

Für den Belag

100 g	Zucker
75 g	Honig
30 g	Butter
3 EL	Milch
2–3 Tropfen	Bittermandel-Aroma
150 g	abgezogene, gehobelte Mandeln
60 g	gehackte Haselnußkerne
6	kleingeschnittene Belegkirschen
30 g	gewürfeltes Zitronat

Für den Guß

200 g	Puderzucker
30 g	Kakao
4 EL	heißes Wasser
30 g	Kokosfett

Schokoladen-Mandel-Brot

(Foto)

Für den Teig Mehl mit Backpulver mischen, in eine Rührschüssel sieben. Puderzucker, Vanillin-Zucker, Salz, Ei (von dem Ei 2 Teelöffel Eiweiß beiseite stellen), Butter hinzufügen. Die Zutaten mit Handrührgerät mit Knethaken zunächst kurz auf niedrigster, dann auf höchster Stufe gut durcharbeiten. Anschließend auf der Arbeitsfläche zu einem glatten Teig verkneten. Gut ⅓ des Teiges abnehmen, beiseite stellen. Unter den Rest des Teiges Kakao, Puderzucker, Milch oder Rum und Mandeln kneten. Daraus 4 rechteckige Stangen von etwa 32 cm Länge etwa 3,5 cm Breite und etwa 1,5 cm Höhe formen. Den hellen Teig zu einem Rechteck von etwa 44 x 32 cm ausrollen, in 4 Streifen von etwa 11 x 30 cm einschneiden. Mit dem zurückgelassenen Eiweiß bestreichen. Auf jeden Teigstreifen 1 Mandelstange legen, in den Teig wickeln. Mit Alufolie abgedeckt über Nacht in den Kühlschrank stellen. Die Teigstangen in knapp ½ cm dicke Scheiben schneiden. Auf ein gefettetes, mit Backpapier belegtes Backblech legen. Das Backblech in den Backofen schieben.

Ober-/Unterhitze	etwa 200 °C (vorgeheizt)
Heißluft	etwa 180 °C (nicht vorgeheizt)
Gas	Stufe 3–4 (vorgeheizt)
Backzeit	12–15 Minuten.

Für den Knetteig

500 g	Weizenmehl
2 gestr. TL	Backpulver
150 g	gesiebter Puderzucker
1 Pck.	Vanillin-Zucker
1 Prise	Salz
1	großes Ei
350 g	weiche Butter
40 g	Kakao
1 EL	gesiebter Puderzucker
1 EL	Milch oder Rum
100 g	abgezogene, gestiftelte Mandeln

Heidesand

Für den Teig die Butter zerlassen, leicht bräunen und in eine Rührschüssel geben, kalt stellen. Die wieder festgewordene Butter mit einem Handrührgerät mit Rührbesen in etwa ½ Minute geschmeidig rühren. Nach und nach Zucker, Vanille-Zucker, Salz und die Milch unterrühren. So lange rühren, bis eine gebundene Masse entstanden ist. Mehl und Backpulver mischen, sieben und ⅔ davon portionsweise auf mittlerer Stufe unterrühren. Den Teigbrei mit dem Rest des Mehls auf der Arbeitsfläche zu einem glatten Teig verkneten. Daraus etwa 3 cm dicke Rollen formen und diese kalt stellen, bis sie hart geworden sind. Die Rollen in etwa ½ cm dicke Scheiben schneiden und die Scheiben auf ein mit Backpapier belegtes Backblech legen. Das Blech in den Backofen schieben.

Ober-/Unterhitze	170–200 °C (vorgeheizt)
Heißluft	160–170 °C (nicht vorgeheizt)
Gas	Stufe 2–3 (vorgeheizt)
Backzeit	10–15 Minuten.

Für den Knetteig

250 g	Butter
200 g	Zucker
1 Pck.	Bourbon-Vanille-Zucker
1 Prise	Salz
3 EL	Milch
375 g	Weizenmehl
1 gestr. TL	Backpulver

Pflastersteine

(Foto)

Für den Teig Honig oder Sirup mit Zucker, Butter und Margarine und Wasser langsam erwärmen, zerlassen. In eine Rührschüssel geben, kalt stellen.
Unter die fast erkaltete Masse mit Handrührgerät mit Rührbesen auf höchster Stufe Ei, Zimt und Aromen rühren. Weizenmehl mit Backpulver mischen, sieben. $\frac{2}{3}$ davon portionsweise auf mittlerer Stufe unterrühren. Den Rest des Mehls mit Mandeln oder Korinthen, Orangeat oder Zitronat unter den Teigbrei kneten. Sollte der Teig kleben, noch etwas Mehl hinzugeben. Aus dem Teig daumendicke Rollen formen, diese in so große Stücke schneiden, daß sich daraus etwa kirschgroße Kugeln formen lassen. Kugeln etwas flachdrücken, auf der Oberseite mit Milch bestreichen, in Hagelzucker drücken. Auf ein gefettetes Backblech legen, in den Backofen schieben.

Ober-/Unterhitze	170–200 °C (vorgeheizt)
Heißluft	160–180 °C (nicht vorgeheizt)
Gas	Stufe 3–4 (vorgeheizt)
Backzeit	10–20 Minuten.

Die Pflastersteine nach dem Backen einige Tage an der Luft stehen lassen, damit sie weich werden.

Für den Honigteig

250 g	Honig oder Sirup
100 g	Zucker
50 g	Butter oder Margarine
1 EL	Wasser
1	Ei
1 gestr. TL	gemahlener Zimt
2 Tropfen	Bittermandel-Aroma
3 Tropfen	Zitronen-Aroma
500 g	Weizenmehl
4 gestr. TL	Backpulver
50 g	abgezogene, gehackte Mandeln
oder 50 g	Korinthen
25 g	feingewürfeltes Orangeat oder Zitronat
	Milch
	Hagelzucker

Zimt-Baiser-Plätzchen

Für den Knetteig

125 g	Weizenmehl
50 g	Zucker
1 Pck.	Vanillin-Zucker
2	Eigelb
65 g	weiche Butter

Für die Eiweißmasse

2	Eiweiß
100 g	Zucker
1 TL	gemahlener Zimt
100 g	abgezogene, gemahlene Mandeln
	kandierte Kirschen

Für den Teig Mehl in eine Rührschüssel sieben, Zucker, Vanillin-Zucker, Eigelb und Butter hinzufügen. Die Zutaten mit Handrührgerät mit Knethaken zunächst kurz auf niedrigster, dann auf höchster Stufe gut durcharbeiten. Anschließend auf der Arbeitsfläche zu einem glatten Teig verkneten, sollte er kleben, ihn eine Zeitlang kalt stellen. Den Teig etwa 2 mm dick ausrollen, mit einer runden Form (Ø 3–4 cm) ausstechen, auf ein gefettetes Backblech legen.
Für die Baisermasse Eiweiß, Zucker und Zimt verrühren, im Wasserbad so lange schlagen, bis der Eierschnee schnittfest ist. Mandeln unterheben. Auf jedes Plätzchen etwas (etwa ¾ Teelöffel) von der Baisermasse streichen. Kandierte Kirschen halbieren, die Plätzchen jeweils mit einer halben Kirsche garnieren, in den Backofen schieben.

Ober-/Unterhitze	170–200 °C (vorgeheizt)
Heißluft	160–180 °C (nicht vorgeheizt)
Gas	Stufe 3–4 (vorgeheizt)
Backzeit	etwa 10 Minuten.

Zimtsterne

Für die Masse das Eiweiß mit Handrührgerät mit Rührbesen auf höchster Stufe steif schlagen. Puderzucker sieben, nach und nach unterrühren. Zum Bestreichen der Sterne 2 gut gehäufte Eßlöffel Eischnee abnehmen. Vanillin-Zucker, Aroma, Zimt und die Hälfte der Mandeln oder gemahlenen Haselnußkerne vorsichtig auf niedrigster Stufe unter den übrigen Eischnee rühren. Von dem Rest der Mandeln (Haselnußkerne) so viel unterkneten, daß der Teig kaum noch klebt. Ihn auf einer mit Puderzucker bestäubten Arbeitsfläche etwa ½ cm dick ausrollen. Sterne ausstechen, auf ein mit Backpapier belegtes Backblech legen, mit dem zurückgelassenen Eischnee bestreichen. Der Guß muß so sein, daß er sich glatt auf die Sterne streichen läßt. Evtl. einige Tropfen Wasser unterrühren.

Ober-/Unterhitze	130–150 °C (vorgeheizt)
Heißluft	etwa 120 °C (nicht vorgeheizt)
Gas	Stufe 1–2 (nicht vorgeheizt)
Backzeit	20–30 Minuten.

Das Gebäck muß sich beim Herausnehmen auf der Unterseite noch etwas weich anfühlen.

Tip:

Die Zimtsterne am besten in Kartons aufbewahren.

Für die Eiweißmasse

3	Eiweiß
250 g	Puderzucker
1 Pck.	Vanillin-Zucker
3 Tropfen	Bittermandel-Aroma
1 gestr. TL	gemahlener Zimt
275–325 g	nicht abgezogene, gemahlene Mandeln oder gemahlene Haselnußkernen
	Puderzucker
	Wasser

Würzige Früchteplätzchen

(Foto)

Für den Teig Butter mit Handrührgerät mit Rührbesen auf höchster Stufe in etwa ½ Minute geschmeidig rühren. Nach und nach Zucker und Vanillin-Zucker unterrühren. So lange rühren, bis eine gebundene Masse entstanden ist. Eier unterrühren (jedes Ei etwa ½ Minute). Salz und Gewürze hinzufügen. Weizenmehl mit Backpulver mischen, sieben, portionsweise auf mittlerer Stufe unterrühren. Zitronat, Orangeat und Mandeln unter den Teig heben. Mit 2 Teelöffeln Teighäufchen auf ein mit Backpapier belegtes Backblech setzen, in den Backofen schieben.

Ober-/Unterhitze	170–200 °C (vorgeheizt)
Heißluft	160–180 °C (nicht vorgeheizt)
Gas	Stufe 3–4 (vorgeheizt)
Backzeit	10–15 Minuten.

Für den Guß Puderzucker mit Zitronensaft zu einer dickflüssigen Masse verrühren. Die erkalteten Plätzchen dünn damit bestreichen.

Für den Teig

- 75 g Butter
- 150 g Zucker
- 1 Pck. Vanillin-Zucker
- 2 Eier
- 1 Prise Salz
- je 1 gut gehäufte Msp. gemahlene Nelken, gemahlener Kardamom, gemahlener Zimt
- 250 g Weizenmehl
- 1 gestr. TL Backpulver
- 30 g gewürfeltes Zitronat
- 30 g gewürfeltes Orangeat
- 75 g abgezogene, gehackte Mandeln

Für den Guß

- 150 g gesiebter Puderzucker
- 3–4 EL Zitronensaft

Kuchen

Torten

Kapitel-Register

Kleingebäck

Plätzchen

Alphabetisches Register

Impressum

Umwelthinweis	Dieses Buch und der Schutzumschlag wurden auf chlorfrei gebleichtem Papier gedruckt. Die Einschrumpffolie – zum Schutz vor Verschmutzung – ist aus umweltfreundlicher und recyclingfähiger PE-Folie.
	Wenn Sie Anregungen, Vorschläge oder Fragen zu unseren Büchern haben, rufen Sie uns unter folgender Nummer an (0521) 520642 oder schreiben Sie uns:
	Ceres Verlag, Rudolf August Oetker KG, Redaktion, Am Bach 11, 33602 Bielefeld
Wir danken für die freundliche Unterstützung	Gabriele Fiedler PR, Hamburg

Redaktion	Jasmin Gromzik, Carola Reich
Beratung	Sabine Hinrichs, Minden
Titelfoto	Thomas Diercks, Hamburg
Foodstyling	Gisela Lübbe-Zimmermann, Hamburg Martin Schulz, Hamburg
Innenfotos	Fotostudio Büttner, Bielefeld Thomas Diercks, Hamburg Christiane Pries, Borgholzhausen Fotostudio Toelle, Bielefeld Brigitte Wegner, Bielefeld
Gestaltung	Parzhuber & Partner, München
Reproduktion	MOHN Media Mohndruck GmbH, Gütersloh
Herstellung	MOHN Media Mohndruck GmbH, Gütersloh

ISBN 3-7670-373-2